MARCO POLO

KO SAMUI
KO PHANGAN

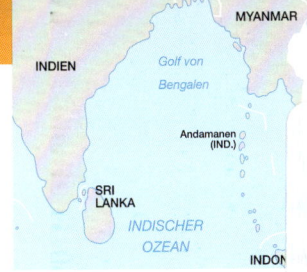

W0048928

> Ko Samui hat sich inzwischen stark
> verändert, die Insel hat ihren Charme
> aber nicht verloren. Sie ist immer
> noch sehr relax, trotz der vielen
> Touristen.
> *MARCO POLO Autor*
> *Wilfried Hahn*
> (siehe S. 126)

Das passt:
Der MARCO POLO Sprachführer Englisch

Weitere MARCO POLO Titel:
Bangkok, Krabi/Ko Phi Phi/Ko Lanta, Phuket, Thailand

Spezielle News, Lesermeinungen und Angebote zu Ko Samui:
www.marcopolo.de/kosamui-kophangan

KO SAMUI

Laem Yai
Ban Ta...
Nathon
Hi
Ri
Ban Li Pa Yai
Ao Laem Din
Ban Li Pa Noi
Ban Thong Yang
4169
Ba
Na N
Wate

INHALT

> SZENE

S. 12–15: Trends, Entdeckungen, Hotspots! Was wann wo auf Ko Samui und Ko Phangan los ist, verrät die MARCO POLO Szeneautorin vor Ort

> 24 STUNDEN

S. 88/89: Action pur und einmalige Erlebnisse in 24 Stunden! MARCO POLO hat für Sie einen außergewöhnlichen Tag auf Ko Samui zusammengestellt

> LOW BUDGET

Viel erleben für wenig Geld! Wo Sie zu kleinen Preisen etwas Besonderes genießen und tolle Schnäppchen machen können:

Relaxte Atmosphäre gratis im Morning Glory am Mae Nam Beach S. 38 | Lesestoff super günstig am Lamai Beach S. 49 | Grillspaß am Tisch für zwei Euro S. 61 | Schlemmen auf dem Nachtmarkt von Thong Sala S. 72 | Inseltouren ganz preiswert S. 81

> GUT ZU WISSEN

Was war wann? S. 10 | Das Klima im Blick S. 20 | Spezialitäten S. 26 | Bücher & Filme S. 37 | Theater fürs Volk S. 46 | Blogs & Podcasts S. 53 | Schattenwelt S. 59 | Tätowierungen S. 71 | Familienbande S. 79 | www.marcopolo.de S. 98 | Währungsrechner S. 99 | Was kostet wie viel? S. 100 | Wetter auf Ko Samui S. 102

AUF DEM TITEL
Mit dem Kanu Oasen im Paradies entdecken S. 48 Baumkronen-Hopping S. 15

ENTDECKEN SIE DIESE INSELN!

Unsere Top 15 führen Sie an die traumhaftesten Orte und zu den spannendsten Sehenswürdigkeiten

Die Highlights sind in der Karte auf dem hinteren Umschlag eingetragen

 Full Moon Party
Zum vollen Mond treffen sich am Hat Rin auf Ko Phangan Raver aus aller Welt (Seite 22)

Songkran
Wasserschlacht: Das thailändische Neujahrsfest wird so fröhlich wie feucht gefeiert, auch Touristen bekommen eine Dusche ab (Seite 23)

 **Mae Nam Beach**
Wenn Sie lange Strandwanderungen lieben, ist der Mae Nam Beach der beste Platz auf Ko Samui (Seite 32)

Big Buddha
Der Erhabene überragt alle Palmen und ist das weithin sichtbare Wahrzeichen von Ko Samui (Seite 38)

Strandlokale
Abends verwandelt sich der Chaweng Beach in ein Freiluftrestaurant für das romantische Dinner (Seite 45)

The Library
Ein Beachresort als modernes Kunstwerk (Seite 46)

Ang Thong Marine National Park
Die unbewohnten Eilande des Meeresnationalparks nordwestlich von Ko Samui entdecken Sie am besten auf einer Kanutour (Seite 48)

Hin Ta & Hin Yai
Der „Großvaterfelsen" und der „Großmutterfelsen" am Lamai Beach sind ein Pflichtstopp auf Inselrundfahrten (Seite 51)

> DIE BESTEN MARCO POLO HIGHLIGHTS

Ban Hua Thanon
Nur hier, 3 km südlich von Lamai, können Sie noch die traditionellen, bunten Boote der muslimischen Fischer sehen, deren Vorfahren aus Thailands tiefstem Süden stammen (Seite 53)

Fahrt von Ban Khai nach Hat Tien
Die abenteuerliche Tour durch den Bergdschungel lohnt, aber ist mit ihren teils extremen Steigungen nur etwas für Leute, die rasante Touren abkönnen (Seite 71)

Hat Thong Nai Pan Yai/Pan Noi
Der kleine (noi) und der große (yai) Strand von Thong Nai Pan auf Ko Phangan sind trotz einiger neuer Resorts und touristischer Infrastruktur immer noch Oasen der Ruhe (Seite 72)

Kuan-Yin-Tempel
Von der Pagode in der Chalok Lam Bay schauen Sie auf die grünen Dschungelberge von Ko Phangan und auf das blaue Meer (Seite 80)

Tamin Magic Buddha Garden
Hoch in den Bergen entdecken Sie Buddhas versunkene Zauberwelt im Dschungel (Seite 84)

Ko Tao
Die Unterwasserwelt rund um die Insel Ko Tao ist das beste Tauchrevier im Golf von Thailand (Seite 92)

Samui Aquarium, Na Khai Bay
Auch wer nicht selbst untertaucht, kann hier Haien und anderem Meeresgetier ins Auge schauen (Seite 97)

WAS FÜR INSELN!

Mae Nam Beach

AUFTAKT

> Kokospalmen, Traumstrände, bunte Fischerboote auf azurblauem Meer und lächelnde Insulaner – wie ein Puzzle fügen sich Momentaufnahmen zum Bild von den glücklichen Tropen zusammen. Das ist Ko Samui: Thailands Insel mit Südseefeeling. Aber Sie können auch eintauchen in pulsierendes Nachtleben, denn Ko Samui ist Hängematte und Disko, ist leise und schrill, schlicht und schick. Auf der Nachbarinsel Ko Phangan wuchert der Dschungel bis ans Meer. Dort können Sie Robinson spielen und unterm vollen Mond mitfeiern bei der größten Beachparty der Welt. Samui und Phangan – zwei Inseln, ein Tropentraum.

> Schon die Ankunft auf Ko Samui im Golf von Siam macht Urlaubslaune! Ko bedeutet Insel – und diese hier ist eine ganz besondere. Wo sonst auf der Welt landet man mit dem Flugzeug mitten in einem Palmenwald? Fahrer in bunt bemalten Elektrowagen holen die Passagiere ab und kutschieren sie ins idyllisch-luftige Terminal, das wie ein Strandresort aussieht.

Als der Flughafen von Ko Samui 1988 gebaut wurde, dachten viele, die Ko Samui in den 1970er-Jahren „entdeckt" hatten, „aus der Traum vom Tropenparadies". Wohl wahr, der Airport hat den internationalen Tourismus mächtig angekurbelt. Aus einem Grüppchen Hippies und Globetrotter sind 2009 ca. 460000 Urlauber geworden, davon allein ca. 65000 Deutsche. In den ersten drei Jahren nach der Katastrophe vom 26. Dezember 2004, als eine riesige Flutwelle (Tsunami) viele Strände in der Region Phuket in Südthailand verwüstete, waren die Touristenzahlen auf Ko Samui sogar noch höher. Denn die geschützt im Golf von Siam liegenden Inseln Ko Samui und Ko Phangan waren von den Zerstörungen durch die Flutwelle nicht betroffen.

Der boomende Tourismus hat Ko Samui zwar verändert, den Charme dieser Palmeninsel aber nicht zerstört. Noch immer finden Sie paradiesische Strände und Plätze, wo Sie die Stille hören können.

Ko Samui ist mit 247 km^2 Fläche nicht mal halb so groß wie Ibiza, aber Thailands drittgrößte Insel nach Phuket und Ko Chang. Die 47000 Insulaner sind mehrheitlich Buddhisten, etwa 20 Prozent beten zu Allah. Aber der unterschiedliche Glaube entzweit sie nicht. Alle gehören sie zum *Chao Samui*, zum Samui-Volk, wie sie sich selbst stolz nennen. Der Inselhauptort Nathon mit seinen 6000 Einwohnern ist die mit Abstand größte Siedlung.

> *Traumstrände und malerische Felsbuchten*

Im Norden der Insel schwappt der Golf von Siam an kilometerlange Strände. Selbst in der Hochsaison kann man darauf bestehen, mindestens 100 m Beach für sich zu haben. Belebter sind die Strände und die malerischen Felsenbuchten an der Ostküste. Vom Tourismus noch nicht sehr berührt ist die Küste im Süden und Westen. Das Wasser ist hier allerdings meist sehr flach.

Der ursprüngliche Regenwald ist bis auf wenige Reste längst abgeholzt, die Tierwelt dezimiert. Aber der Kahlschlag früherer Zeiten hat auf Ko Samui keine Einöde hinterlassen. Die Flora hat sich die Insel zurückerobert, Sekundärdschungel überzieht heute die bis zu 635 m hohen Berge im Inselinnern.

Großartige Kulturdenkmäler sucht man hier vergebens. Die Insulaner wissen, dass die Natur ihr einziges Kapital ist. Und so zerstören keine klotzigen Bettenburgen die Idylle, auch nicht am Chaweng Beach, dem Hauptstrand.

Die Ringstraße, die das bergige Inselinnere umzirkelt, ist zwar schmal, aber in einer Hinsicht bewiesen ihre Erbauer ein geschicktes Händchen:

Sie zogen sie nicht unmittelbar an den Stränden entlang, sondern ließen zwischen den Buchten und der Straße noch genügend Platz für die künftigen Resorts. Wo auch immer Sie einziehen werden, die Wahrscheinlichkeit ist hoch, dass Sie eher vom Meeresrauschen als von einer Autohupe geweckt werden.

> **Meeresrauschen statt Autohupe**

Das gilt ganz besonders für die Nordküste, etwa am Mae Nam Beach. So weit das Auge reicht, ragen Palmen in den Himmel. Unter ihnen ducken sich locker verteilte Resorts. Etwas dichter beieinander stehen die Resorts an den Stränden von Bo Phut und Big Buddha.

Der Wat Na Phra Lan am Mae Nam Beach: Ca. 95 Prozent aller Thais sind Buddhisten

WAS WAR WANN?

8.–11. Jh. Thais wandern aus Südchina ins heutige Thailand ein, das zum großen Teil von kambodschanischen Khmer beherrscht wird

18. Jh. Siedler von der chinesischen Insel Hainan segeln vom Südchinesischen Meer in den Golf von Siam und lassen sich dauerhaft auf Ko Samui nieder

1896 Ko Samui wird offiziell zum Distrikt erklärt und der Festlandprovinz Surat Thani zugeordnet

1932 Nach einem unblutigen Staatsstreich verliert der König seine absolute Macht, und Thailand wird konstitutionelle Monarchie

1939 Das Königreich Siam wird umbenannt in Thailand („Land der Freien")

1946 Der jetzige König Bhumibol Adulyadej besteigt den Thron als Rama IX. Kein Monarch vor ihm hat länger regiert

1969 Auf Ko Samui beginnt der Bau einer befestigten Ringstraße

1972 Auf dem Inselwinzling Ko Fan entsteht das Wahrzeichen Ko Samuis: der 15 m hohe Big Buddha

1988 Die private Fluggesellschaft Bangkok Airways baut den Ko Samui Airport

2002 Der erste Megasupermarkt eröffnet auf Ko Samui. Tesco Lotus in Bo Phut bietet ein Sortiment auf 11 400 m² und 283 Menschen einen Job

2008 Bangkok Airways gibt sein Monopol auf. Auch Thai Airways startet Linienflüge von Bangkok nach Ko Samui

2009 Air Berlin kooperiert mit Bangkok Airways und bietet Flüge von Berlin, Düsseldorf, München nach Ko Samui an

Wer es lebhafter mag, zieht weiter an die Ostküste. Die meisten Resorts säumen den schneeweißen, 4 km langen Chaweng Beach. Er ist das touristische Zentrum Ko Samuis. Abends wird der Strand zum zauberhaften Freiluftrestaurant. Nur entlang der Beach Road verdrängt der touristische Alltag die Strandromantik. Restaurants, Shops, Schneiderläden, Bars und Internetcafés reihen sich aneinander. Ständig wird umgebaut, neu gebaut. Wo heute noch ein Tante-Emma-Laden steht, finden Sie morgen schon einen klimatisierten Supermarkt. Auch der Lamai Beach, weiter südlich an der Ostküste, ist vom Bauboom erfasst. Wenn Sie zur Südküste weiterfahren und wieder hoch zur Westseite in Richtung Nathon, können Sie einen Blick in die Vergangenheit werfen. Bis hierher ist der Tourismus noch kaum vorgedrungen.

Die Samui-Insulaner wissen, wie man sie lebt, die Leichtigkeit des Seins. Vielleicht lächeln sie deswegen noch mehr und haben noch mehr Zeit als ihre Landsleute auf dem Festland. Egal ob Besucher in ein durchgestyltes Edelresort oder in eine der letzten Bretterhütten ziehen, auf Ko Samui kann man die Seele überall baumeln lassen. Und manche verfallen dem Zauber dieser Insel so sehr, dass sie nie wieder wegwollen.

Ko Samui und die 20 km entfernte Nachbarinsel Ko Phangan sind zwei ungleiche Schwestern. Nicht nur deshalb, weil Ko Phangan mit 191 km² fast ein Viertel kleiner ist. Die große ist eher lieblich, die kleine wild. Die ebenfalls über 600 m aufragenden

Berge auf Ko Phangan sind schroffer, flaches, nutzbares Land ist rar. Hinter

> Ko Phangan, urwüchsige Insel der Ruhe und der Partys

fast allen Stränden wuchert der Dschungel, von einer Ringstraße wa-

nur eine Handvoll Resorts der luxuriösen Kategorie. Berühmt-berüchtigt ist die *Full Moon Party* am Rin Beach. Angeheizt vom Technosound, der aus riesigen Boxentürmen wummert, raven hier Partyfreaks aus der ganzen Welt. Der Rin Beach ist das Goa einer neuen Generation. Einer, die nichts entdecken oder gar die Welt

Das Inselchen Ko Nang Yuan bei Ko Tao ist ein Paradies für Taucher und Schnorchler

gen die rund 10 000 Ew. nicht mal zu träumen. Sie sind schon froh, dass die Verbindung vom Hauptort Thong Sala (2000 Ew.) hinauf in den Norden ins Fischerdorf Chalok Lam asphaltiert ist. Einige Buchten sind nur mit dem Boot zu erreichen. Auf Ko Phangan stehen sie noch, solche Hütten für ein paar Euro, in denen auch die ersten Ko-Samui-Besucher nächtigten. Auf der ganzen Insel gibt es

verändern möchte, sondern einfach nur Spaß haben will.

Sieht man mal ab von den megalauten Mondpartys am Rin Beach, ist Ko Phangan aber immer noch eine urwüchsige Insel der Ruhe. Rucksacktraveller haben die Insel entdeckt. Aber inzwischen kommen auch immer mehr Kurzzeiturlauber auf dieses einstige Aussteigerrefugium

TREND GUIDE KO SAMUI

Die heißesten Entdeckungen und Hotspots!
Unser Szene-Scout zeigt Ihnen, was angesagt ist

Bea Hollós

liebt die Sonne, das Meer und das Leben. Um dem europäischen Winter zu entfliehen sind Ko Samui und Ko Phangan wie geschaffen für unseren Szene-Scout. Am Golf von Siam lässt die Dolmetscherin die Seele baumeln. Auf der Suche nach Trends trifft man Bea Hollós in den angesagten Clubs oder bei ausgelassenen Partys am Strand. Auch die thailändische Küche hat es ihr besonders angetan.

▶▶ GOOD MORNING, SUNSHINE!

Designer-Frühstück in Chaweng

In paradiesischer Umgebung wird das Frühstück auf Ko Samui auch für Langschläfer zur liebsten Mahlzeit. Auf weißen Kissen gebettet, das türkisfarbene Meer vor Augen und die ersten warmen Sonnenstrahlen auf der Haut starten Sie ganz entspannt in den Tag. Exotischer Obstsalat, duftender Kaffee und ofenwarme Croissants werden im *The Library* direkt am Strand serviert (*14/1 Moo 2, www.thelibrary.co.th, Foto*). Romantisch startet der Tag auch im *Muang Kulay Pan*. In kleinen, palmlaubgedeckten Frühstückspavillons aus Bambus schmiegen Sie sich in flauschige Kissen und genießen z. B. Hühnchenreissuppe (*100 Moo 2, www.kulaypan.com*).

SZENE

▶▶ THAI-IKONEN

Spirituelle Malerei
aus dem Inselparadies

Spiritualität, Kreativität und ein wenig Farbe – mehr brauchen Ko Samuis Künstler derzeit nicht, um Bilder zu erschaffen, die man auch nach Jahren noch ansehen mag. Schwarze Tusche und zartes Maulbeerbaumpapier sind die Basics, die Malerin *Mandala* für ihre Kunst nutzt. In ihrer Zen-Art-Exhibition stellt sie Meditationssymbole aus und gibt auch Malstunden *(Bang Po, an der Ringstraße, gegenüber Natural Wing Resort, Unterrichtskosten: 3000 Baht/Tag, Infos: prinkong.zenart@gmail.com, Tel. 08 57 96 20 57, Foto)*. Gold- und Wasserfarben sind die Zutaten, mit denen *June Kerdsompong* ihre Buddhas erschafft *(About Art and Craft Café, Nathon, Chonvitee Rd., am Pier, Tel. 08 97 24 96 73)*. Blattgold kommt auch bei Künstler *Navins* spiritueller Malerei zum Einsatz *(Navin Art & Tattoo, Mae Nam Beach, Soi Na Phra Lan, Tel. 08 60 63 73 83)*.

▶▶ KÜCHENEXPORT

Kulinarische Geheimnisse

Mit seiner lecker-leichten Küche hat Thailand beinahe die ganze Welt im Sturm erobert. Damit Pad Thai, Tom Yum und rotes Curry auch zu Hause gelingen, gibt es inzwischen ein ausgezeichnetes Kochkursangebot auf Ko Samui. Ob Sie nun nur ein paar Stunden oder gleich ein paar Tage investieren möchten, bleibt Ihnen überlassen. Die erste Lektion in der *Siam Kitchen* findet auf dem Markt statt. Hier lernen Sie, wie Schlangenbohnen, Kochbananen oder Tofu ausgewählt werden *(Lamai Beach, www.siamkitchen.net)*. Im *Samui Institute of Thai Culinary Arts* lernen Sie außerdem, mit Mörser, Wok und Stäbchen umzugehen *(Chaweng Beach, www.sitca.net, Foto)*, und im *Zazen Boutique Resort* weiht Sie Chefkoch Cyrille höchstpersönlich in die Geheimnisse der Thaiküche ein *(Mae Nam Beach, www.samuizazen.com)*.

▶▶ CHAWENG-CHIC

Mode für Beach-Babes & -Boys

Sie sind mit leichtem Gepäck angereist? Kein Problem. Die Beach Road in Chaweng auf Ko Samui ist wie dafür gemacht, sich mit Bikinis und Badeanzügen einzudecken. Beste Anlaufstelle ist das *Amazonas* mit seinen farbenfrohen Entwürfen *(Shops nahe 7-Eleven und Tops Supermarket).* Nichts gefunden? Dann sollten Sie einen Blick auf die Bademinis der *Phuket Mermaids* riskieren *(gegenüber McDonalds, www.phuketmermaids.com).* Coole Labels gibt es im *Life's a Beach (Shopping-Arkade im Centara Grand Resort).* Wer noch das passende zarte Shirt zum Zweiteiler sucht, ist im *Samui Hot Club (Chaweng-Zentrum)* richtig .

▶▶ ASANAS UND CO.

Selbstfindung am Golf von Thailand

Yoga- und Meditationsresorts stehen auch auf Ko Samui und Ko Phangan hoch im Kurs. Mitten im Grünen kommen Sie im *The Yoga Retreat* mit sich selbst ins Reine *(Ko Phangan, nahe Salad Beach, www.yoga retreat-kohphangan.com). Agama Yoga* hat weltweit Zentren zum Entspannen. Auf Ko Phangan gibt es zusätzlich auch ein breit gefächertes Wellnessangebot *(Hin Kong Bay, www.agama yoga.com).* Fasten, Detox und Meditation stehen bei *Dharma Healing International* auf dem Plan *(Ko Samui, Soonthorn Bungalows, Santi Bay,www.dharmahealingintl.com).*

▶▶ 24H PARTYPEOPLE

Feiern in Phangans Mondschein

Die Vollmondpartys auf Phangan sind ein Klassiker – entsprechend voll ist die Insel zu diesen Zeiten. Deshalb dehnen Kenner die Partys einfach aus. Drei Nächte pulsieren die Beats der *Moon Set Party* in der *Pirate's Bar (Chao Pao Beach).* Und wenn die Musik verstummt, geht es morgens auf der *Ban Sabai After Party* weiter *(Ban Tai Beach).* Zweimal im Monat steigt dort die *Shiva Moon Party* – und zwar nicht am Strand, sondern unter dem Blätterdach des Dschungels *(www.shivamoonfestival.com).* Noch mehr Party, nämlich beinahe ununterbrochen, gibt es nur in den *Coral Bungalows (Hat Rin, www.coralhaadrin.com).*

▶▶ DSCHUNGELABENTEUER

Wecken Sie den Tarzan in sich!

Sie werden sich fühlen wie der Dschungelkönig! Statt von Liane zu Liane zu schwingen, sind Sie jedoch sicher an Stahlseilen eingehängt – und sausen mit bis zu 60 km/h durch das grüne Blätterdach. Die Augen sollten Sie beim Cable-Ride trotzdem aufbehalten, sonst entgehen Ihnen Baumriesen, Wasserfälle,

Meerblick und der eine oder andere tierische Waldbewohner. In den Bergen hinter dem Mae Nam Beach haben *Canopy Tours* ihre Seile gespannt (*Ko Samui, Tel. 08 70 46 73 07, www.canopyadventuresthailand.com*). An Ko Samuis Ostküste, nahe des Lamai Beach, warten die Profis von *Treetop Tours* auf Adrenalinjunkies. Wer vorher anruft, wird kostenlos abgeholt (*Tel. 08 19 68 48 06, www.treetoptour.biz*, Foto).

▶▶ GO GREEN

Gemeinsam für Samui und Phangan

Touristen, Einheimische und Zugezogene – sie alle machen sich für eine gemeinsame Vision stark: grüne, gesunde Inseln! In lockeren Netzwerken engagieren sie sich für den Umweltschutz auf Ko Samui und Ko Phangan. So taucht die *Green Island Dive Operators Association* regelmäßig zur Riffsäuberung ab (*www.greenfins-thailand.org*), *Samui Mala* organisiert gemeinsames

Strandreinemachen mit Unterhaltungsfaktor (*www.samuimala.com*), und die Aktivisten von *Green Phangan* sagen „no to plastic" (*www.greenphangan.com*). Eine Alternative zur Plastikverpackung hat das *Phangan Film Festival* parat. Nicht nur Filme unter dem Motto „Nature and Spirit" sind während der Veranstaltung im Angebot, sondern auch Einkaufstüten aus organisch gezogener Baumwolle (*www.phanganfilmfestival.com*).

> **VON AMULETTEN UND WAIS**

Warum die Thais den Geistern ein Häuschen bauen und ihren König
in höchsten Ehren halten

AMULETTE

Die meisten buddhistischen Thais
tragen ein Amulett an ihrer Halskette.
Nicht selten werden Sie Männer
sehen, die gleich mehrere dieser
Glücksbringer bzw. Unheilabwehrer
an ihren Ketten baumeln lassen. Die
kleinen Figuren aus Ton, Bronze,
Gold oder Holz sind sicher hinter
durchsichtigem Plastik verwahrt, in
Miniaturschreinen, die oft in Silber

oder Gold gefasst sind. Sie stellen
Buddha oder berühmte Mönche dar
und sind häufig Familienerbstücke.
Amulette sollen vor Unfällen schützen und vor Krankheiten, vor Über-
fällen und sonstigen Widrigkeiten des
Lebens.

BÜFFELKÄMPFE

Wasserbüffel sind massige Tiere mit
ausladenden Hörnern, die so schnell

Bild: Geisterhäuschen

STICH WORTE

nichts aus der Ruhe zu bringen scheint. Aber wenn sie einen Rivalen sehen, können sie ganz schön in Rage geraten. Dieser natürliche Reflex hat dazu geführt, dass die grauschwarzen Bullen in Südthailand in der Arena gegeneinander kämpfen müssen. Sie rammen ihre Schädel gegeneinander und versuchen, den Gegner wegzudrücken. Meist geht es dabei unblutig zu. Sobald ein Büffel merkt, dass der andere eindeutig stärker ist, läuft er normalerweise weg, und der Kampf ist oft nach wenigen Minuten vorbei. Auf Ko Samui gibt es ein halbes Dutzend *Buffalo Fighting Stadiums*. Die Arenen sind freilich nicht mehr als ein Stück Wiese oder ein staubiger Platz. Büffelkämpfe finden in unregelmäßigen Abständen statt, aber wenn es so weit ist, verkünden Lautsprecherwagen Termin und Ort, überall liegen Flugblätter mit den genauen Daten aus.

FALANG

Ein *falang* sind Sie, der Ausländer mit der weißen Haut. Die Herkunft des Begriffs ist unklar, möglicherweise ist er eine Verballhornung des englischen Wortes *foreigner* (Fremder).

GEISTERHÄUSCHEN

Der Glaube an Geister *(phii)* ist in allen Bevölkerungsschichten verbreitet. Er hat zwar mit dem Buddhismus nichts zu tun, aber das hält thailändische Buddhisten nicht davon ab, auch den Geistern ihre Reverenz zu erweisen. Sie bauen ihnen bunte Häuschen und bringen ihnen jeden Morgen Opfer dar. Ein Glas Wasser etwa, Reis, Blumen, Obst und an Feiertagen auch mal ein gebratenes Hähnchen.

KÖNIG BHUMIBOL

König Bhumibol Adulyadej ist auch auf Ko Samui und Ko Phangan allgegenwärtig. Sie werden sein Porträt in Hotelrezeptionen sehen und in Banken, in Läden, sogar in Kneipen und in Amtsstuben sowieso. Thailand ist zwar seit 1932 keine absolute Monarchie mehr, doch genießen das Königshaus und insbesondere der vom Volk verehrte Monarch höchstes Ansehen. König Bhumibol und Königin Sirikit haben vier Kinder: Prinzessin Ubol Ratana (geb. 1951), Prinz Maha Vajiralongkorn (geb. 1952), Prinzessin Maha Chakri Sirindhorn (geb. 1955) und Prinzessin Chulabhorn (geb. 1957).

KUNSTBOOTE

Die *go lae* sind mehr als einfach nur Boote. Es sind Kunstwerke, mit denen die muslimischen Fischer aufs Meer hinausfahren. Früher wurden sie gerudert oder gesegelt, heute werden sie von knatternden Motoren angetrieben. Ihren Ursprung haben die bunt bemalten, offenen Holzboote

Die Boote der muslimischen Fischer sind schwimmende Kunstwerke

in den südlichen Festlandprovinzen Pattani und Naratiwat. Auch an der malaysischen Ostküste sind sie noch weit verbreitet. Ko Samui ist der nördlichste Platz in Thailand, wo Sie diese Kunstwerke sehen können.

NAMEN

Wundern Sie sich nicht, wenn Sie im Hotel vom Personal mit Vornamen angeredet werden. Das ist keine plumpe Vertraulichkeit, sondern Landessitte. Selbst hochgestellte Persönlichkeiten bis hin zum Premierminister werden öffentlich beim Vornamen genannt. Davor steht sowohl bei Männern wie bei Frauen noch der Titel *Khun*. Aber untereinander verwenden viele Thais nicht einmal den Vornamen, sondern begnügen sich mit ihrem Spitznamen *(tschu len*, wörtlich Spielname). Den erhalten Thais schon im Säuglingsalter von ihren Eltern. Und diese wählen einen Begriff, den sie mit dem Nachwuchs assoziieren. Zum Beispiel *Noi* (klein), *Meo* (Katze) oder *Gung* (Krabbe). Keinesfalls ist der Spitzname als Veräppelung gedacht, sondern als ein liebevoll gemeinter Kosename.

RELIGION

Etwa 95 Prozent aller Thais bekennen sich zum Buddhismus. Der Buddhismus spielt im Alltagsleben eine weit größere Rolle als etwa das Christentum bei uns. Zwar gibt es keine festgelegten Gottesdienstzeiten, aber die Tempel werden regelmäßig für Fürbitten aufgesucht. Die Gläubigen erflehen Buddhas Beistand vor einer großen Reise, vor einer Prüfung oder einer Operation. Wann immer ein Thai einen Tempel besucht, wird er auch eine Opfergabe darbringen, etwa Räucherstäbchen oder Blütengirlanden. Dem Buddhismus, seinen Vertretern und Institutionen bringen die Thais großen Respekt entgegen.

SCHREIBWEISEN

Sind Sie, der weiße Fremde, nun ein *falang* oder ein *farang*? Urlauben Sie auf *Ko Samui* oder auf *Koh Samui*? *Ko* bedeutet Insel, aber warum gibt es zwei verschiedene Schreibweisen? Warum wird Strand mal *hat* und mal *haad* geschrieben? Solche Fragen werden von Neuankömmlingen oft gestellt, aber eine klare Antwort darauf gibt es nicht. Die Thai-Schrift ist für den Fremden ein Buch mit sieben Siegeln, eine Aneinanderreihung von zwar anmutigen, aber nicht entzifferbaren Schnörkeln. Eine verbindliche Regel, wie man diese in lateinische Buchstaben überträgt, gibt es nicht.

SITTEN UND GEBRÄUCHE

In Thailand können Sie leicht von einem Fettnäpfchen ins andere treten, ohne es zu merken. Denn die Thais sind keine Besserwisser, die Sie sofort auf Fehler aufmerksam machen. Grobes Fehlverhalten quittieren sie mit einem *falang bah*, die weißen Ausländer sind halt verrückt. Aber manchmal reißt auch den Thais der Geduldsfaden. Zum Beispiel dann, wenn Fremde das Königshaus beleidigen (Majestätsbeleidigung ist ein strafbares Delikt) oder den Vertretern und Symbolen des Buddhismus keinen Respekt entgegenbringen. Achten Sie darauf, dass Sie Tempel (dies gilt nicht für chinesische Tempel) und Moscheen nicht mit Schuhen betreten. Thais kleiden sich ordentlich und züchtig, wenn sie das Haus verlassen. Wer nicht auf sein Äußeres achtet, verliert sein Gesicht – in Thailand ein schlimmer Fauxpas.

Auch im Land des Lächelns gibt es Situationen, in denen Sie sich ärgern können. Zum Beispiel über schleppende Bedienung oder über einen Taxifahrer, der einen unverschämten Preis fordert. Vertreten Sie Ihren Standpunkt mit Nachdruck – aber freundlich. Und werden Sie niemals laut. Denn damit fügen Sie Ihrem Gegenüber einen Gesichtsverlust bei – so ziemlich das Schlimmste, was Sie machen können. Das gilt besonders im Umgang mit Behörden. Und noch ein wichtiger Tipp: Berühren Sie Thais niemals am Kopf, und setzen Sie sich nicht so hin, dass Ihre Füße auf eine andere Person zeigen. Denn der Kopf gilt in Thailand auch im übertragenen Sinn als höchster Körperteil, der Fuß als niedrigster.

TAKRAW

Wenn die Hitze nachlässt und Sie am späten Nachmittag auf Ko Samui oder Ko Phangan ein Geräusch hören, als ob sich jemand in einen Korbsessel fallen lässt, sind Sie höchstwahrscheinlich in der Nähe eines Dorfplatzes, auf dem Takraw gespielt wird. Das scharfe „Kusch" entsteht, wenn die Spieler gegen einen Ball aus Rattan treten, der einem rundum geschlossenen Körbchen ähnelt. Wie beim Fußball darf beim Takraw jedes Körperteil außer den Händen eingesetzt werden. Als Spielfeld genügt eine Wiese unter Palmen.

> DAS KLIMA IM BLICK

Handeln statt reden atmosfair

Reisen bereichert und verbindet Menschen und Kulturen. Jedoch: Wer reist, erzeugt auch CO_2. Dabei trägt der Flugverkehr mit bis zu 10% zur globalen Erwärmung bei. Wer das Klima schützen will, sollte sich somit nach Möglichkeit für die schonendere Reiseform (wie z. B. die Bahn) entscheiden. Wenn keine Alternative zum Fliegen besteht, so kann man mit *atmosfair* handeln und klimafördernde Projekte unterstützen.

atmosfair ist eine gemeinnützige Klimaschutzorganisation.

Die Idee: Flugpassagiere spenden einen kilometerabhängigen Beitrag für die von ihnen verursachten Emissionen und finanzieren damit Projekte in Entwicklungsländern, die dort helfen, den Ausstoß von Klimagasen zu verringern. Dazu berechnet man mit dem Emissionsrechner auf *www.atmosfair.de* wie viel CO_2 der Flug produziert und was es kostet, eine vergleichbare Menge Klimagase einzusparen (z. B. Berlin–London–Berlin: ca. 13 Euro). *atmosfair* garantiert, unter der Schirmherrschaft von Klaus Töpfer, die sorgfältige Verwendung Ihres Beitrags. Auch der MairDumont Verlag fliegt mit *atmosfair*.

Unterstützen auch Sie den Klimaschutz: *www.atmosfair.de*

THAIBOXEN

Beim Nationalsport kämpfen die Gegner mit Fäusten und bloßen Füßen. Auf Ko Samui und Ko Phangan steigen oft Ausländer in den Ring, die hier *muay thai* trainieren. Regelmäßige Kämpfe gibt es in den Stadien von

wai ist nicht gleich *wai*. Je höher der soziale Status des zu Grüßenden, desto höher müssen die Hände gehalten werden. Die höchsten *wai* mit den Fingerspitzen über dem tief geneigten Kopf sind der Königsfamilie und Mönchen vorbehalten. Auch die Reihenfolge ist wichtig: Der Jüngere

Takraw ist in ganz Thailand beliebt. Der Ball wird traditionell aus Rattan geflochten

Chaweng. Kleinere Arenen finden Sie am Lamai Beach, auf Ko Phangan in Thong Sala und am Rin-Beach. Lautsprecherwagen, Flugblätter und Plakate verkünden aktuelle Termine.

WAI

Statt per Handschlag begrüßen sich Thais mit einem *wai*. Er kann auch Entschuldigung, Dank oder eine Bitte ausdrücken. Wie zum Gebet werden die Hände vor der Brust gefaltet. Aber

grüßt zuerst den Älteren, der Rangniedrigere den Ranghöheren. Touristen, die damit nicht klarkommen, sollten sich auf ein Kopfnicken beschränken. Denn allzu leicht machen sie sich aus Unwissenheit lächerlich. Zum Beispiel, wenn sie den *wai* eines Kindes oder eines Bettlers erwidern. Den *wai* des Hotelpersonals zur Begrüßung oder als Dank für ein Trinkgeld sollten Sie ebenfalls nicht erwidern. Auch hier genügt ein Kopfnicken völlig.

PARTY NICHT NUR BEI VOLLMOND

Feiern zu Ehren Buddhas, des Königshauses und aus Freude am Leben

> Religiöse Feste richten sich nach dem Mondkalender und haben variable Termine, aber auch weltliche Feiern werden teilweise jedes Jahr neu datiert. Die buddhistische Zeitrechnung ist übrigens der christlichen weit voraus. So entspricht etwa das Jahr 2010 nach Christus dem Jahr 2553 nach Buddha. Übersicht unter *www.thailandgrandfestival.com*

▬ OFFIZIELLE FEIERTAGE ▬

Behörden und Banken (aber nicht die Wechselschalter) bleiben an diesen Tagen geschlossen.

1. Jan.: *Neujahrstag;* **Vollmond im Februar:** *Makha Pucha,* Gedenken an Buddhas Predigt vor 1250 Gläubigen; **6. April:** *Chakri-Tag,* anlässlich der Gründung der Chakri-Dynastie im Jahr 1782; **12.–14. April:** *Songkran,* thailändisches Neujahrsfest; **1. Mai:** *Tag der Arbeit;* **5. Mai:** *Krönungstag* des jetzigen Monarchen, König Bhumibol Adulyadej (Rama IX.); **Vollmond im Mai:** *Visakha Pucha,* Gedenken an Buddhas Geburt, Erleuchtung und Tod; **Vollmond im Juli:** *Asaha Pucha,* Gedenken an Buddhas erste Predigt; **Am Tag nach Asaha Pucha:** *Khaopansa,* Beginn der buddhistischen Fastenzeit; **12. Aug.:** *Geburtstag von Königin Sirikit;* **23. Okt.:** *Chulalongkorn-Tag,* Todestag von König Chulalongkorn (Rama V.); **5. Dez.:** *Geburtstag von König Bhumibol;* **10. Dez.:** *Tag der Verfassung;* **31. Dez.:** *Silvester*

▬ FEIERTAGE UND FESTE ▬

Jeden Monat

★ *Full Moon Party:* Die allmonatliche Vollmondparty am Hat Rin auf Ko Phangan ist der Megaevent schlechthin. Tausende von Ravern tanzen am Strand, bis die Sonne aufgeht. *www.fullmoonpar ty.net, www.fullmoonparty-thailand. com, www.fullmoon.phangan.info*

▶▶ *Black Moon Party* : Ein paar Nummern kleiner als die Full Moon Party, aber auch ein Knaller; am Ban Tai Beach, *www. blackmoonparty-kohphangan.com*

★ ▶▶ *Half Moon Party:* Abtanzen im Dschungel bei psychedelischen Lichtinstallationen. Im Wald hinterm Dorf Ban

Ins Ti

> EVENTS
FESTE & MEHR

Tai an der Straße nach Thong Nai Pan. Die Partys steigen jeweils eine Woche vor und nach der Full Moon Party. *www.half moonfestival.com*

Januar/Februar

Chinesisches Neujahrsfest: Das neue Jahr wird mit einem Feuerwerk begrüßt. Auf Ko Samui, wo viele Bewohner von chinesischen Einwanderern abstammen, werden die alten Rituale befolgt. Zur Vorbereitung auf das Neujahrsfest gehört, dass das Haus gründlich gesäubert wird. Vor den Häusern bauen die Bewohner reich geschmückte Schreine auf und entzünden Räucherstäbchen.

Februar

Makha Pucha: An diesem offiziellen Feiertag predigen Mönche die Lehren Buddhas, und bei Dunkelheit umrunden die Gläubigen mit Kerzen, Blumen und Räucherstäbchen dreimal den Tempel. Auch zu *Visakha Pucha* in der Vollmondnacht des Monats Mai finden solche Lichterprozessionen statt.

April

⭐ *Songkran*: Kein Fest wird so ausgelassen gefeiert wie das thailändische Neujahrsfest, das vom 12. bis 14. April dauert. Erst werden Buddhastatuen gewaschen, Kinder träufeln Wasser auf die Handgelenke ihrer Eltern, Gläubige benetzen die der Mönche. Nach diesem verhaltenen Auftakt kann der Spaß dann so richtig losgehen, und es heißt: „Wasser marsch!" – aus Spritzpistolen, Bechern und Eimern. Wer zu Songkran unterwegs ist, hat garantiert bald keinen trockenen Faden mehr am Leib.

November

Loi Kratong: Ein Fest für Romantiker, einfach bezaubernd! Körbchen *(kratong)* mit brennenden Kerzen werden zu Wasser gelassen. Etwa auf dem Teich in Chaweng, auf Flüsschen oder auf dem Meer, sofern dieses ruhig ist. Manche Hotels feiern Loi Kratong auch rund um den Swimmingpool. Mit den Minibooten soll die Wassergöttin Mae Khongka geehrt werden.

> HÖLLISCH SCHARF UND HIMMLISCH GUT

Genuss ohne Reue: Die thailändische Küche ist dem Tropenklima ideal angepasst, hält Sie fit und gesund

> Ko Samui können Sie zwar an einem Tag bequem erkunden, aber wenn Sie auch kulinarisch auf Entdeckungstour gehen wollen, steht Ihnen eine Weltreise bevor. Ob indisch oder italienisch, ob deutsch, chinesisch oder mexikanisch – die Küche auf der kleinen Insel ist so international wie ihre Besucher. Vor Ort sollten Sie freilich mit dem Gaumen nicht nur in die Ferne schweifen. Schließlich sind Sie in Thailand, und die Küche dieses Landes nimmt es mit der ganzen Welt auf. Und sie ist dem Tropenklima ideal angepasst. Sie ist leicht, dank vieler frischer Zutaten äußerst vitaminreich und sehr bekömmlich. Ein echter Fitmacher, zwar nicht selten höllisch scharf, aber immer himmlisch gut. Fleisch wird sparsam verwendet, eher schon kommen Geflügel und Meeresfrüchte auf den Teller. Thais lieben Gemüse, das meist nur kurz gegart wird und deshalb knackig

Bild: Nudelsuppe mit Garnelen

ESSEN & TRINKEN

und vitaminreich bleibt. Auch bei Gewürzen und Kräutern schöpfen sie aus dem Vollen. Koriander, Zitronengras und -blätter, Ingwer und Basilikum, Tamarinde, Minze und Garnelenpaste stimulieren die Geschmacksnerven. Und natürlich kommt ein thailändischer Koch eher ohne Herd aus als ohne Knoblauch und Chili. Touristen, deren Gaumen nicht feuerresistent ist, sollten vorsichtshalber der Küche ausrichten

lassen, dass man die Speise nicht scharf *(mai peht)* zubereitet haben möchte.

ESSGEWOHNHEITEN

Für Thai-Gerichte brauchen Sie kein Messer. Alles wird schon in mundgerechten Stücken serviert oder kann, wie beispielsweise Fisch, mit Löffel und Gabel leicht zerteilt werden. Den Löffel führt man dabei üblicherweise in der rechten Hand, die Gabel dient lediglich dazu, den gewünschten Bissen auf den Löffel zu schieben. Nur zu Nudelsuppen und Nudelgerichten werden Essstäbchen gereicht, die chinesische Einwanderer einst mit nach Thailand brachten.

Nur die besseren Restaurants haben feste Essenszeiten für Lunch *(ca. 11.30–14 Uhr)* und Dinner *(ca. 18 bis 22 Uhr)*. In den einfacheren Lokalen wird gekocht, wann der Gast Hunger hat. Also von frühmorgens bis spät in die Nacht. Und die Garküchen an den Straßenrändern haben sowieso fast durchgehend geöffnet. Freiluftgastronomen zaubern dort im Handumdrehen leckere Gerichte.

FRÜCHTE

In den Tropen reifen viele feine Früchte. Wer sich mit den billigsten Obstsorten (Bananen, Ananas, Papaya, Wassermelonen) abspeisen lässt, verzichtet auf manche Köst-

▶ SPEZIALITÄTEN
Genießen Sie die typisch thailändische Küche!

gaeng kiau wan gai – Das grüne Curry mit Hühnchenfleisch und Auberginen ist eine schweißtreibende Gaumenfreude. Es schmeckt leicht süßlich *(wan)*.

gaeng massaman – rotes Curry mit Rindfleischstückchen, Erdnüssen und Kartoffeln (etwas scharf)

gung hom pa – Garnelen im Teigmantel. Man stippt sie in Tatarsoße oder in eine süßsaure Essigbrühe mit Chiliringen (Foto).

plamuk tohd katiam pik thai – Tintenfischstückchen gebraten mit Knoblauch und Pfeffer (nicht scharf)

pla piau wan – Fisch süßsauer ist auch ein Fest fürs Auge. Die Soße zum gebratenen Fisch wird mit viel Gemüse und Ananasstückchen angerichtet.

som tam – Der Salat aus dünnen Streifen von noch grüner Papaya ist die Leib- und Magenspeise der Bewohner Nordostthailands, hat aber längst ihren Siegeszug bis hinunter nach Südthailand angetreten. Zubereitet wird *som tam* auch mit Cocktailtomaten, getrockneten Krabben, kleinen Krebsen und viel Chili. Dazu passt rohes Gemüse, Klebereis und gegrilltes Huhn *(gai pat)*.

tom kha gai – Die Suppe mit Hühnchenfleisch in Kokosmilch ist ein besonderer exotischer Genuss. Aber Vorsicht: In der würzigen Brühe schwimmen auch Chilischoten.

tom yam gung – Die säuerliche Garnelensuppe ist Thailands inoffizielles Nationalgericht. Zitronengras verleiht ihr den unverwechselbaren Geschmack, reichlich Chili die Schärfe.

yam wunsen – Glasnudelsalat mit Kräutern, Garnelen und Schweinehack. Chilischarf!

lichkeit, die hierzulande allenfalls in Delikatessgeschäften zu haben ist. Auch wenn die deutsche Sprache die *durian* als „Stinkfrucht" bezeichnet – für viele Thais ist sie die Königin der Früchte. Schon eher nach jedermanns Geschmack ist die Mango *(mamuang)*. Die reife Frucht ist zusammen mit Klebereis und konzentrierter Kokosmilch ein absoluter Leckerbissen. Thais schätzen aber auch grüne und leicht säuerliche Mangos. In Streifen geschnitten, stippen sie die unreife Frucht in ein Zucker-Chili-Gemisch. Hinter der dicken, weinroten Schale der Mangostan *(mangkut)* verbirgt sich eine weitere Köstlichkeit. Das weiße, saftige Fruchtfleisch schmeckt süß und leicht säuerlich zugleich. Die Guave *(falang)* ist eine der vitaminreichsten Früchte der Welt, die man vom Baum pflücken kann. Das feste Fruchtfleisch schmeckt ähnlich wie das der Quitte, ist aber weniger sauer und soll gut gegen Bauchgrimmen sein.

GETRÄNKE

Softdrinks aller bekannten Marken gibt es an jeder Ecke. Das Angebot an frischen Obstsäften reicht leider nicht an die Früchtevielfalt heran. Meist beschränkt es sich auf Orangensaft, der häufig auch noch mit Limonade gestreckt ist. In Lokalen, die von Touristen frequentiert werden, können Sie aber auch Milchshakes mit Banane oder Ananas schlürfen. Trinkwasser *(nam bau)* aus Flaschen und Mineralwasser sind als Durstlöscher überall zu haben. Bier gibt es in vielen Sorten. Bei den Einheimischen beliebt sind *Chang* und *Singha*. Etwas teurer sind

Urlaubsfreuden: stilvoll essen in paradiesischer Umgebung

ebenfalls im Land unter Lizenz gebraute Marken wie *Tiger* und *Heineken*. Laut Gesetz darf Alkohol in Geschäften nur zwischen 11 und 14 Uhr und von 17 Uhr bis Mitternacht verkauft werden. Supermarktketten wie 7-Eleven halten sich daran, Tante-Emma-Läden nehmen es aber nicht so genau. Thailands inoffizielles Nationalgetränk ist der preiswerte *Sang Som*. Er wird aus Zuckerrohr destilliert und als „Whiskey" bezeichnet, obwohl er eher ein Rum ist. Die Einheimischen trinken ihn nicht pur, sondern als Longdrink: mit Mineralwasser und einem kräftigen Spritzer Limonensaft auf Eis.

CHILI, GOLD UND ZUCHTPERLEN

Auf Ko Samui gibt es keine großen Kaufhäuser, aber viele hippe Boutiquen machen Lust auf Shopping

> Klein, aber fein lautet die Shopping-devise auf Ko Samui. Immer mehr trendige Boutiquen eröffnen auf der Insel. Das mit Abstand größte Angebot finden Sie entlang der Strandstraße am Chaweng Beach, wo sich ein Shop an den anderen reiht. Die wichtigsten Einkaufszentren mit großen Supermärkten sind Tesco Lotus und Big C an der Ringstraße von Bo Phut nach Chaweng.

■ ANTIQUITÄTEN

In Thailand ist eine ganze Industrie auf das Fälschen von Antiquitäten spezialisiert. Ein seriöses Geschäft können Sie daran erkennen, dass es Sie auf die gesetzlich vorgeschriebene Ausfuhrgenehmigung für kostbare Antiquitäten hinweist – und diese auch besorgt.

■ BUDDHASTATUEN

Offiziell dürfen nicht einmal Plastik-buddhas ohne Genehmigung ausgeführt werden (zuständig dafür ist, wie auch im Falle von Antiquitäten, das *Department of Fine Arts, Tel. 022 21 78 11*,

des Nationalmuseums in Bangkok). Ein seriöser Händler wird das Zertifikat für Sie besorgen. Die Ausfuhr von historisch wertvollen Buddhafiguren ist generell verboten.

■ GEWÜRZE

Ob Chili, Kurkuma, Pfeffer oder Curry-paste – exotische Gewürze können Sie vor Ort äußerst preiswert und in guter Qualität kaufen. Große Auswahl haben Sie in den Supermärkten von Tesco Lotus und Big C (Ringstraße von Bo Phut nach Chaweng).

■ GOLD

Goldschmuck zu 23 Karat bieten spezielle Goldgeschäfte an, die Sie landesweit an der roten Innenausstattung erkennen. Der Preis richtet sich nach dem aktuellen Goldkurs, plus ca. 10 Prozent für die Verarbeitung. Dieser Schmuck kann jederzeit in jedem Goldgeschäft wiederverkauft werden. Ist der Goldpreis in der Zwischenzeit gestiegen, sogar mit Gewinn.

> EINKAUFEN

■ JUWELEN & PERLEN ■

Diese Preziosen sollten Sie keinesfalls bei fliegenden Händlern kaufen. Und lassen Sie sich auch nicht von einem Taxifahrer in irgendein Geschäft locken. Im Naga Pearl Shop im Dorf Ban Thong Krut im Süden Ko Samuis können Sie dagegen bedenkenlos Zuchtperlen kaufen, die von den Naga-Perlenfarmen vor Phuket und Ko Samui stammen.

■ KERAMIK & LACKARBEITEN

Die Stücke werden zwar nicht auf Ko Samui hergestellt, Sie können sie aber in vielen Geschäften kaufen. Meist stammen sie aus Nordthailand. Zum Beispiel Seladon-Keramik in Jadegrün. In Grün, Blau, Gelb, Rosa und Schwarz leuchtet die Bencharong-Keramik mit ihren Blütenornamenten. Zier- und Gebrauchsgegenstände im chinesischen Stil sind meist blau und weiß. Auch Lackarbeiten sind traditionelles Kunsthandwerk. Das Holz wird mehrfach lackiert und dann von Hand bemalt.

■ SCHNITZEREIEN ■

Schnitzereien finden Sie in enormer Fülle. Typisch für Ko Samui, die Insel der Kokospalmen, sind Zier- und Gebrauchsgegenstände aus der harten inneren Schale der Kokosnuss.

■ SEIDE & KLEIDUNG NACH MASS

Thailändische Seide wird von Hand gewebt und ist deshalb nicht vollkommen glatt, sondern mit kleinen Knötchen durchsetzt. Sie können fertige Kleidungsstücke kaufen oder sich bei einem der unzähligen Schneider etwas nähen lassen. Aber bedenken Sie, dass Seide auch in Thailand ihren Preis hat. Straßenhändler die „100 % pure silk" für ein paar Baht anbieten, drehen Ihnen garantiert synthetische Ware an. Und auch bei Kleidung nach Maß gilt: Vorsicht bei allzu günstigen Angeboten! Die sind oft mit heißer Nadel genäht. Bestehen Sie auf mindestens einer Anprobe. Und zahlen sie nur einen Teilbetrag an, den Rest bei Abholung.

> WO RUHE UNTER PALMEN WOHNT

Wo im Hinterland noch die Wasserbüffel grasen, finden Sie ideale Strände, um richtig abzuschalten

> Palmenhaine säumen kilometerlange Sandstrände an sanft geschwungenen Buchten. In den Dörfern flicken Fischer ihre Netze, brechen Koprabauern Berge von Kokosnüssen auf. Überall kann man Ruhe atmen und die Stille hören.

Selbst in der Hochsaison ist ein Urlaub an der Nordküste von Ko Samui Balsam für gestresste Seelen. In lockerer Folge reihen sich die Resorts aneinander. Dazwischen bleibt noch genügend Platz für grasende Wasserbüffel. Diese Küste ist weitgehend so geblieben, wie sie die Natur erschaffen hat, aber wild ist sie nicht. Selbst in der Monsunzeit können Sie hier fast überall baden. Das Kap im äußersten Nordosten ist ein natürlicher Schutzwall gegen den Nordostmonsun, der hohe Wellen an die Ostküste treibt. Strandwanderer können über weite Strecken Einsamkeit genießen. Auf dem goldgelben Sand finden Sie eher Treibholz als

Bild: Mae Nam Beach

KO SAMUI NORDKÜSTE

Sonnenschirme. Die Strände sind hier im Uhrzeigersinn beschrieben.

BANG PO BEACH/BAN TAI BEACH

[112–113 C–D1] Diese beiden Strände 4 km nördlich vom Inselhauptort Nathon gehen nahtlos ineinander über und sind an der ohnehin ruhigen Küste die ursprünglichsten Abschnitte. Die Strände sind schmal, das Wasser ist stellenweise sehr flach.

▪ ESSEN & TRINKEN ▪

Einfache Lokale und Essensstände für den schnellen Hunger finden Sie in den Dörfern Bang Po und Ban Tai entlang der Ringstraße. Gute vegetarische Küche bietet das *Health Oasis Resort* (€).

■ ÜBERNACHTEN ■

BOOM BAY BUNGALOW

Einfache Bungalows (mit Ventilator oder Klimaanlage), schön begrünte Anlage, familiär geführt. Restaurant direkt vorne am Strand. *13 Zi. | Ban Tai Beach | Abzweigung von Ring Rd. nahe Ban Tai Police Station | Tel. 08 10 89 51 28 | €*

MAE NAM BEACH

[114 A–B2] ★ **Die 6 km lange Bucht mit ihrem gelben Sandstreifen ist der beste Badestrand an der gesamten Nordküste und eine Traumstrecke für Strandwanderer.** Das Meer ist flach, aber auch bei

Mae Nam Beach: Der 6 km lange Sandstreifen ist der perfekte Badestrand

HEALTH OASIS RESORT 🔊

Bungalows mit Ventilator oder Aircondition in einer gepflegten Anlage mit Pool. Die Gäste hier wollen nicht nur Urlaub machen, sondern Geist wie Körper erneuern. Etwa in der Sauna, bei Fastenkuren, Yoga, Tai-Chi und Meditation. *36 Zi. | Bang Po Beach | Mae Nam | Tel. 077 42 01 24 | Fax 077 42 01 25 | www.healthoasis resort.com | €–€€*

Ebbe können Sie hier schwimmen. Der östliche Strand, rechts vom Dorf Mae Nam, ist bei Flut aber stellenweise kaum handtuchbreit. Rund drei Dutzend Resorts, von einfach bis luxuriös, haben sich hier angesiedelt. Aber man sieht sie erst, wenn man direkt davorsteht, so versteckt liegen sie im Palmenwald, der vom Meer bis hoch zur Hauptstraße wächst. Im Dorf Mae Nam (12 km von Nathon entfernt) in der Mitte der Bucht werden Sie mehr Einheimische als Touristen treffen.

SEHENSWERTES

Das Kloster *Wat Pukhao Tong* ist zwar kein besonders bemerkenswertes Beispiel für Tempelarchitektur, aber eine angenehme Oase der Ruhe auf einer kleinen Anhöhe. Sie erreichen es, wenn Sie die Kreuzung der Dorfhauptstraße mit der Inselrundstraße Ring Road überqueren und ca. 200 m weiter landeinwärts gehen.

ESSEN & TRINKEN

In Mae Nam gibt es eine ganze Reihe einfacher Lokale. Die Köchin Sonja aus München bäckt eigenes Brot, leckeren Kuchen und tischt in *Sonja's German Bakery* opulente Frühstücksvariationen auf *(Di–So 9–16 Uhr | Ring Rd., nahe Ampelkreuzung | www.thaicookingclass-samui.com | €–€€).* Im *Maenam BBQ Buffet* steht der Minigrill auf dem Tisch. Fleisch können Sie selbst brutzeln und auch gleich noch eine leckere Gemüsesuppe zaubern, in der das Seafood gegart wird. *(tgl. ab 16 Uhr | Ring Rd., Ortsende Richtung Nathon | €).* Thaiküche und Seafood mit Meerblick im *Sea View Restaurant (tgl. |*

Soi 7-Eleven, von der Ampelkreuzung runter zum Meer | €–€€).

ARUN@SAMUI

Ein eher unscheinbares Restaurant, ein langer Tisch aus Naturholz, aber eine Thai-Köchin, die zaubern kann, z. B. Hühnchen in Pandanussblättern oder ein grünes Entencurry. Chefin Sunantha (Sue) gibt auch Kochkurse für maximal sechs Personen. *Mi geschl. | 248/10 Ring Rd. | nahe Geldautomat K.ATM | Tel. 08 94 21 43 78 | €–€€*

EINKAUFEN

Viele Geschäfte und Souvenirshops gibt es entlang der Hauptstraße *(Ring Rd.)*. Angenehm duftet es bei den Schwestern Lek und Oud, die in ihrem Laden *Tid Mai Tid Mue (nahe 7-Eleven)* viele Teesorten, Kräuter und Gewürze verkaufen. Exklusive Innenausstattung von Möbeln bis Bettwäsche bei *Suzy Nina (www. suzynina.com)* an der Zufahrt zum Zazen Resort.

ÜBERNACHTEN

Auch am Mae Nam Beach lösen edle Resorts die alten Pfahlhütten langsam ab. Aber noch finden Sie hier mehr Billigunterkünfte als an allen anderen Ko-Samui-Stränden zusammen.

MARCO POLO HIGHLIGHTS

★ **Mae Nam Beach**
Bei Ebbe schwimmen und lange Strandwanderungen unternehmen (Seite 32)

★ **Bo Phut**
Das „Fisherman's Village" ist mit seinen trendigen Lokalen einfach hip (Seite 35)

★ **Happy Elephant**
Speisen mit Meerblick: ein Glücksfall für Feinschmecker (Seite 35)

★ **Big Buddha**
Das Wahrzeichen der Insel bietet auch eine bestechende Weitsicht (Seite 38)

Insider Tipp FAIR HOUSE VILLAS & SPA 🔊

Hier warten Edelvillen (ab 160 Euro/Nacht) auf Gäste. Das frühere Ban Laem Sai Beach Resort hat seinen Namen gewechselt. Geblieben ist eine wunderschöne Anlage, ausgezeichnet von der staatlichen Tourismusbehörde für ökobewusstes Management. Herrlich gelegen auf der Landzunge zwischen Mae Nam und Bophut Beach. Bei Flut steigt das Wasser allerdings bis an die Schutzmauer. *72 Zi. | Mae Nam Beach | Tel. 077 42 90 00 | Fax 077 42 90 99 | www.fairhousesamui.com | €€€*

HARRY'S BUNGALOWS 🔊

Das familiäre Resort mit viel Grün und Pool liegt am ruhigen nördlichen Ende des Mae Nam Beach nahe Wat Na Phra Lan. Komfortable Aircondition-Bungalows mit TV, Kühlschrank oder einfache Unterkünfte mit Ventilator. *22 Zi. | Mae Nam Beach | Tel. 077 24 74 31 | www.harrys-samui.com | €–€€*

LOLITA BUNGALOWS

Die freundlichen Besitzer verbreiten Wohlfühlatmosphäre. Einfache Bungalows mit Aircon oder Ventilator. Die vorderen stehen unmittelbar am Strand. Zur Ortsmitte nur ein paar Gehminuten. *39 Zi. | Mae Nam Beach | Tel. 077 42 51 34 | lolitakohsamui@yahoo.com | €–€€*

MAE NAM RESORT 🔊

Gepflegte Anlage mit viel Grün unter den Palmen. Die gemütlichen Bungalows sind mit Klimaanlage und Kühlschrank oder Ventilator ausgestattet. Für Familien gibt es extragroße Bungalows. Ca. 15 Gehminuten zum Dorf Mae Nam. *41 Zi. | Mae Nam Beach | Tel. 077 24 72 87 | Fax 077 42 51 16 | www.maenamresort.com | €€*

■ FREIZEIT & SPORT ■

In den Resorts bzw. direkt am Strand können Sie z. B. Boards zum Windsurfen, Kajaks oder Motorboote für Wasserski mieten.

Mae Nam Resort: Hier geht's vom Bungalow direkt an den Strand und ins Meer

BO PHUT BEACH

[114 B–C2–3] Auch dieser Strand in der ca. 2 km langen Bucht ist immer noch eine Oase der Ruhe. Unmittelbar vor dem Dorf ⭐ *Bo Phut* und am östlichen Ende ist er zwar sehr schmal und bei Ebbe teilweise schlammig, aber der Ort selbst macht diesen Beach zu einem ganz besonderen. Die schmale Strandstraße im alten ▶▶ *Fisherman's Village* ist nicht länger als ein Fußballfeld, aber nirgendwo sonst auf Ko Samui finden Sie auf engstem Raum so viele trendige Pubs und Cafés, Restaurants, Boutiquen und Boutiquehotels. Viele der alten Holzhäuser wurden in jüngster Zeit entweder liebevoll restauriert oder durch cool gestylte Neubauten ersetzt. Hier mischt sich mediterranes Flair mit thailändischer Leichtigkeit, finden Sie Klasse statt Masse. Kurzum: Bo Phut ist der hippste Ort auf Ko Samui und im ganzen Land.

■ ESSEN & TRINKEN ■

CHURRASCO STEAK HOUSE

Das Restaurant des Schweizers Jürg Frei ist auf Ko Samui zum Inbegriff für feinste importierte Steaks geworden. Auch Fisch und Thai-Küche sind exzellent. *Tgl. ab 15 Uhr | Ring Rd. | nahe Gokartbahn | Tel. 08 62 74 76 62 | €€–€€€*

DEUTSCHER BIERGARTEN

Bei Joachim aus Mannheim wird herzhafte Hausmannskost aufgetischt. Von der bayerischen Bratwurstschnecke mit Kraut bis zum Schnitzel mit Spätzle. *Tgl. ab 17 Uhr | Ring Rd. | neben Gokartbahn | Tel. 08 98 67 09 13 | €€*

HAPPY ELEPHANT ⭐

Der Oldtimer unter den Toprestaurants wurde 2009 komplett erneuert. Jetzt luftig und trendy, geblieben sind die Holzelefanten am Eingang und die ausgezeichnete Küche (Thai, Seafood). Noch eine Spur hipper nebenan das Schwesterlokal *On the Beach*. *Tgl. Lunch/Dinner | Strandstraße | Tel. 077 24 53 47 | €€–€€€*

STARFISH & COFFEE

Feines Ambiente in Gold- und Rottönen, das Seafood-Soufflé wird in der Kokosnuss serviert und schmilzt auf der Zunge. *Tgl. ab 13 Uhr | Sandstraße | Tel. 077 42 72 01 | €–€€*

■ EINKAUFEN ■

Alles für den täglichen Bedarf im Dorf. Schickes Shoppen in Boutiquen, z. B. im *Siddharta* (Damenbekleidung, Accessoires). Exklusive High Heels im *Shop des Boutiquehotels The Red House* (www.design-sio.com). Chef Ulrich Ziems spürt die edlen Designermodelle vor allem in Hongkong und Singapur auf. **Insider Tipp**

■ ÜBERNACHTEN ■

ANANTARA 🔊

Edelherberge in tropischem Park mit luxuriösen Zimmern. Traumhaftes Spa, zu dem ein Weg aus verwitterten Bahnschwellen führt. Einziger Makel: Die WLAN-Gebühren sind mit 214 Baht pro Stunde exorbitant. *106 Zi. | Bo Phut Beach | Tel. 077 42 83 00 | Fax 077 42 83 10 | www.anantara. com | €€€*

EDEN BUNGALOWS

Bei Gerald und Lydia aus Frankreich können Sie sich wie zu Hause fühlen.

BO PHUT BEACH

Es gibt Zimmer in Bungalows und in einem Thaihaus mit Aircon, TV, Minibar und teilweise Open-Air-Dusche. Kleiner Pool, schöner Garten. 2 Min. zum Beach. *15 Zi. | Bo Phut (Strandstraße) | Tel. 077 42 76 45 | Fax 077 42 76 44 | www.edenbungalows.com | €€–€€€*

THE RED HOUSE 🔊

Ein roter Buddha lächelt vor der Tür. Die vier Designzimmer hat der deutsche Architekt Ulrich Ziems asiatisch-chinesisch gestylt. *4 Zi. | Strandstraße | Tel. 077 42 56 68 | Fax 077 24 56 47 | www.design-visio.com | €€*

Das Zazen Boutique Resort & Spa: ein Urlaubsort zum Verlieben mit viel Atmosphäre

THE LODGE

Dieses stilvolle, kleine Haus direkt am Strand und fast im Zentrum von Bo Phut erinnert eher an eine Privatresidenz als an ein Hotel. Alle Zimmer mit Meerblick, Klimaanlage, TV. Den Sundowner können Sie sich im Garten in einer winzigen Bar direkt am Beach mixen lassen. *9 Zi. | Bo Phut (Strandstraße) | Tel. 077 42 53 37 | Fax 077 42 75 65 | www.apartmentsamui.com | €€*

SANDY RESORT

Einfache Zimmer mit Aircon oder Ventilator in Bungalows und ein- bis zweistöckigen Gebäuden. Räume mit TV, Minibar. Kleiner Pool. *70 Zi. | Bo Phut Beach | westliches Strandende | Tel. 077 42 53 53 | www.sandysamui.com | €–€€*

ZAZEN BOUTIQUE RESORT & SPA 🔊

Ein herrliches Refugium mit liebevoll eingerichteten Bungalowzimmern.

Der Pool ist zwar klein, aber passt perfekt in diese intime Anlage. Ausgezeichnetes Restaurant, das vom französischen Küchenchef Cyrille zu kulinarischen Höhen geführt wird. *26 Zi. | Bo Phut Beach | Tel. 077 42 50 85 | Fax 077 42 51 77 | www.samuizazen.com | €€€*

■ FREIZEIT & SPORT ■

Direkt an der Ringstraße am Ortsrand von Bo Phut können Sie bei *Samui Go Kart (Tel. 077 42 50 97 | tgl. 9–20 Uhr; ab 12 Euro für 10 Min.)* in den kleinen Flitzern Ihre Runden drehen.

■ AM ABEND ■

Ob urig oder gestylt: Die Pubs und Bars an der Strandstraße haben eines gemeinsam: Ihre Musik beschallt nicht die ganze Nachbarschaft. Platz mit Flair für einen Sundowner direkt überm Meer ist das 2007 eröffnete ▶▶ *The Pier*. Täglich Livemusik im ▶▶ *Aussie-Pub Billabong Surf Club*. Im *Frog & Gecko* ist besonders donnerstags beim Pub-Quiz (auf Englisch) der Laden rappelvoll.

Insider Tipp

BIG BUDDHA BEACH

[115 D2–3] Dieser 2 km lange Strand wird auch *Bang Rak Beach* oder *Phra Yai Beach* genannt (19 km nach Nathon). Die meisten Anlagen sind klein und familiär. Die geschützte Bucht ist Ankerplatz von Fischer- und Ausflugsbooten. Bei Ebbe zieht sich das Meer

> BÜCHER & FILME

Insel zum Träumen und Reise in eine fremde Welt

> **Geschichten aus Thailand** – Der im Land lebende Autor Günther Ruffert schreibt sehr direkt und sehr persönlich über die so andersartige Denk- und Lebensweise der Thais.

> **Phra Farang** – Der erfolgreiche englische Geschäftsmann Peter Robinson ändert sein Leben total. Er geht in Thailand ins Kloster. Und entdeckt, dass er vorher seine Zeit ziemlich vergeudet hatte. Auf Englisch.

> **Private Dancer** – Aus der Sicht eines Barmädchens, ihres Freundes und deren Bekanntenkreis schildert Stephen Leather eine Beziehung, die in einer Katastrophe endet. Auf Englisch. Die deutsche Übersetzung wird nur in Thailand angeboten. *www.stephenleather.com*

> **Beautiful Boxer** – Eine wahre Geschichte, bewegend in Szene gesetzt von Ekachai Uekrongtham. Ein junger Mann möchte eine Frau sein. Um die Geschlechtsumwandlung zu finanzieren, steigt er in den Ring und wird Champion im Thaiboxen.

> **The Beach** – Leonardo Di Caprio in einer Aussteigerkommune auf einer Insel bei Ko Samui (gedreht wurde auf der Insel Phi Phi nahe Phuket). Regisseur Danny Boyles Streifen ist zwar ziemlich abstrus, aber durchweg spannend.

> **Eine Insel zum Träumen** – Mit Ottfried Fischer, Reinhard Fendrich, Barbara Wussow drehte Holm Dressler diese Liebesschnulze auf Ko Samui. Seichte Story, schöne Bilder.

stellenweise weit zurück, legt auch schon mal Schlamm und Steine frei. Am Big Buddha urlauben viele Stammgäste, die nicht zu viel Rummel wollen, aber doch die Nähe zur Touristenhochburg Chaweng schätzen. *www.buddhabeach.com*

■ SEHENSWERTES

BIG BUDDHA ⭐ 🔆

Die größte Attraktion ist natürlich das Wahrzeichen der Insel, der Big Buddha. 15 m hoch thront der imposante, goldglänzende Buddha auf einem Hügel auf dem Inselchen Ko Fan, das ein Damm mit dem Festland verbindet. Wer die 80 Stufen hinaufsteigt, hat eine herrliche Sicht auf die Nordküste von Ko Samui. Auch wenn es noch so heiß ist: Wer den Buddha in Strandklamotten besucht, missachtet die Landessitte aufs Gröbste. Schultern und Beine sollten unbedingt bedeckt sein.

■ ESSEN & TRINKEN

Viele Lokale liegen entlang der Hauptstraße. Im *Quo Vadis* im Resort *Saboey (tgl.* | *Tel. 077 43 04 56* | *www.saboey.com* | *€€)* wird asiatische mit mediterraner Küche fusioniert.

OCEAN ELEVEN 〈Inside Tip〉

Feinschmeckertreff direkt am Meer ist dieses leger-elegante Restaurant, das Gemüse teilweise im eigenen Garten zieht und sich die Fische täglich von einem örtlichen Fischer anliefern lässt. *Tgl. ab 14 Uhr* | *Hauptstraße nahe Shambala Bungalows* | *Tel. 077 24 51 34* | *www.o11s. com* | *€€*

■ EINKAUFEN

Souvenirshops und kleine Geschäfte entlang der Hauptstraße.

■ ÜBERNACHTEN

KINNAREE RESORT 〈Insic Tip〉

Geräumige Bungalows mit Aircon, TV, Minibar. Gutes Preis-Leistungs-Verhältnis. *14 Zi.* | *Big Buddha Beach* | *Tel./Fax 077 24 51 11* | *www.kinnaree resortsamui.com* | *€–€€*

NARA GARDEN BEACH RESORT

Geräumige Zimmer in Reihenhaus oder Bugalows. Alle klimatisiert und mit TV und Minibar. Pool im Garten. *43 Zi.* | *Big Buddha Beach* | *Tel. 077 42 53 64* | *Fax 077 42 52 92* | *www.naragarden.com* | *€€*

>LOW BUDGET

› Nein, Villen sind sie nicht, die Beachbungalows im *Chalee Villa.* Dafür sind sie aber schon ab 500 Baht zu haben (mit Ventilator/Dusche). *18 Zi.* | *Bo Phut Beach, westliches Ende unmittelbar vor Mae Nam Beach* | *Tel. 08 18 95 47 80*

› VIP für 50 Baht: Die Highspeed-Fähren der Gesellschaft Lomprayah nach Ko Phangan/Ko Tao sind unten meist rappelvoll. Bequemer sitzen Sie oben im VIP-Bereich. Aufpreis aufs Ticket nur 50 Baht (können sie auch noch an Bord bezahlen).

› Für Freaks mit Freude an Livemusik ist das Resort *Morning Glory* des Österreichers Hannes Schmid die erste Adresse. Ventilatorbungalows mit Dusche ab 300 Baht, relaxte Atmosphäre gratis. *20 Zi.* | *Mae Nam Beach* | *Tel. 08 72 77 54 76* | *http://mgl.fly away.name*

KO SAMUI/NORDKÜSTE

PUNNPREEDA HIP RESORT 📶
Design-Resort mit Zimmern im Hotelgebäude und in Villen, teils mit Jacuzzi und sogar künstlichem Wasserfall. Alles sehr edel, nur der Pool

Anlage. Gepflegte Bungalows mit Teakholzböden, Aircon, TV, Kühlschrank. Nomen est omen: Die Bungalows stehen in einer herrlichen Gartenanlage. *9 Zi. | Big Buddha*

Namensgeber, Wahrzeichen und überall sichtbar: der 15 m hohe Big Buddha

ist klein. *25 Zi. | Big Buddha Beach | Tel. 077 24 61 54 | Fax 077 24 61 55 | www.punnpreeda.com | €€€*

SAMUI MERMAID RESORT 📶
Zimmer von einfach bis komfortabel, meist mit Aircon, TV, Minibar. 2 Pools. Gutes Preis-Leistungs-Verhältnis. *76 Zi. | Big Buddha Beach | Tel. 077 42 75 47 | Fax 077 42 52 82 | www.samui-mermaid.info | €–€€*

SECRET GARDEN BUNGALOWS 📶
Der Engländer John und die Chinesin Rebecca betreiben diese familiäre

Beach | Tel./Fax 077 24 52 55 | www. secretgarden.co.th | €–€€

■ FREIZEIT & SPORT
Touren und Wassersportaktivitäten können Sie in den Resorts oder bei Reiseveranstaltern buchen.

■ AM ABEND
Am Big Buddha Beach geht es eher beschaulich zu; einige Pubs, Cafes und Kneipen haben sich entlang der *Hauptstraße* angesiedelt. Das Nightlife-Zentrum der Insel, der *Chaweng Beach*, ist nur 5 km entfernt.

> STILLE BUCHTEN UND PARADIESISCHE STRÄNDE

Im Osten können Sie in Pfahlhütten oder Edelresorts wohnen, Robinsonromantik genießen und Ihr Diskofieber ausleben

> Die Ostküste ist Ko Samuis Schokoladenseite, und für viele Touristen werden hier Träume wahr. Egal, ob diese von Robinsonromantik handeln oder von pulsierendem Nachtleben in Bars und Diskos. Auf der Insel der kurzen Wege sind Sie an der Ostküste weder von ruhigen Orten noch vom Trubel weit entfernt. Hier finden Sie Resorts, die pro Nacht ein kleines Vermögen kosten, aber auch viele Mittelklasse-Unterkünfte und Billigzimmer in Gästehäusern. Einziger Nachteil der Bilderbuchküste: Im europäischen Winter, der Hauptreisezeit für Ferntouristen, regnet es oft in Strömen, und der Monsun treibt hohe Wellen an die Strände. Aber viele Touristen scheinen auch mit einem verregneten Urlaubsparadies klarzukommen. Denn gerade in dieser Zeit herrscht hier Hochsaison. Die Strände werden im Folgenden im Uhrzeigersinn beschrieben.

Bild: Coral Cove Bay

KO SAMUI
OSTKÜSTE

THONG SON BAY

[115 E1] **Ko Samui hat noch viele ruhige Ecken, aber einsamer als hier können Sie kaum unterkommen.** Nur drei Resorts von schlicht bis edel teilen sich diese Bucht der himmlischen Ruhe. Bei Ebbe ist Baden wegen der Felsen und Korallen kaum möglich, aber Schnorchler finden immer einen

Durchschlupf, der sie zum Liveaquarium führt. Öffentliche Verkehrsmittel haben diese von grünen Bergflanken eingerahmte Bucht nicht auf ihrem Fahrplan. Für die Anfahrt brauchen Sie ein eigenes Verkehrsmittel oder ein Taxi.

■ ÜBERNACHTEN

MELATI BEACH RESORT & SPA 📶
Es war nur eine Frage der Zeit, bis ein Luxusresort sich in dieser traumhaf-

Urlaub der Luxusklasse und doch ganz naturnah verspricht The Tong Sai Bay

ten Bucht ansiedelt. Im März 2008 war es dann so weit: Das Melati empfing die ersten Gäste. Die wohnen in Edelvillen, teils mit eigenem Schwimmbecken. Die Anlage erstreckt sich über einen Berghang mit künstlichen Wasserläufen bis runter zum Meer. 2 Pools, Spa. *79 Zi. | Thong Son Bay | Tel. 077 91 34 00 | Fax 077 91 34 44 | www.melatiresort.com | €€€*

THONG SON BAY BUNGALOW

Insider Tipp

Hier sind Ruhe und die angenehme Atmosphäre der größte Luxus. Seit Anfang 1990 betreiben Mr. Pong und seine Familie dieses liebenswerte Refugium. Und er hat auch nicht vor, sein Land an finanzkräftige Investoren zu verkaufen. Seit 2009 ist die Anlage ans öffentliche Stromnetz angeschlossen. Bungalows mit Aircon und Ventilator, alle mit Moskitonetz und Meerblick. *20 Zi. | Thong Son Bay | Tel. 08 18 91 46 40 | Fax 077 24 59 37 | www.samuithongsonbay.com | €–€€*

TONG SAI BAY

[115 E2]   **Dieses paradiesische Fleckchen, durch eine Felsnase vom Choeng Mon Beach getrennt, ist wie geschaffen für ein exklusives Resort – das einzige an diesem Strand –, in dem der Luxus keine Grenzen kennt.**

▆ ÜBERNACHTEN ▆▆▆▆▆

THE TONG SAI BAY ⭐ 🌤 📶

Eine traumhafte Anlage mit dem treffenden Werbespruch „Mutter Natur ist unser Architekt". Die kleinsten der luxuriösen Chalets bieten stolze 68 m² Fläche. Die größten heißen „Villas", wer hier einzieht, darf sich wie ein König fühlen und auf der Terrasse in die Open-Air-Badewanne steigen. Solch Luxus hat freilich seinen Preis: Pro Nacht müssen Sie zwischen 240 und 640 Euro hinblättern. 2 Pools, Spa, Tennisplatz, Fitnessstudio. Das Resort vermietet Kanus und Segeljollen. *83 Zi. | Tong Sai Bay | Tel. 077 24 54 80 | Fax 077 42 54 62 | www.tongsaibay.co.th | €€€*

CHOENG MON BEACH

[115 E–F2] **Auch diese Bucht mit ihrem schneeweißen Strand ist von grünen Hügeln eingerahmt.** Mehrere einfache und luxuriöse Resorts, aber immer noch ein Plätzchen für Ruhesuchende. Zu dem vorgelagerten Inselchen *Fan Noi* können Sie bei Ebbe hinüberwaten.

■ ESSEN & TRINKEN ■

Am Strand servieren einige Seafoodlokale Meeresfrüchte und Thai-Küche. An der Straße hinter dem Beach wird im 2009 eröffneten Restaurant *Vinothek (tgl. | www.vinothek.intraflash.com | €€)* sogar Hofbräu vom Fass gezapft. Im *Just Jonnos (tgl. ab 16 Uhr | €–€€)* gibt es Cocktails und Baguettes, das *Pangaea (tgl. | €–€€)* serviert Pizza und Pasta.

■ EINKAUFEN ■

Auch am Choeng Mon hat sich eine kleine touristische Infrastruktur angesiedelt, natürlich mit dem obligatorischen Schneider.

■ ÜBERNACHTEN ■

THE IMPERIAL BOATHOUSE

Sehr schönes Komfortresort am Strand. Etwas für Romantiker sind die Zimmer in umgebauten Reisbarken. Pool. *210 Zi. | Choeng Mon Beach | Tel. 077 42 50 41 | Fax 077 42 54 60 | www.imperialboathouse.com | €€€*

P. S. THANA RESORT 🔊

Die vormalige *P. S. Villa* hat einen Teil der alten Bungalows abgebro-

MARCO POLO HIGHLIGHTS

⭐ **The Tong Sai Bay**
Die Villen des Edelresorts in der gleichnamigen Bucht haben ihren Preis, sind aber wunderschön (Seite 42)

⭐ **Eat Sense**
Köstliche Küche mit Meerblick (Seite 45)

⭐ **Strandlokale**
Romantisch: thailändische Köstlichkeiten bei Kerzenschein am Chaweng Beach serviert (Seite 45)

⭐ **The Library**
Schöne neue Resortwelt mit einem rot gekachelten Pool (Seite 46)

⭐ **Reggae Pub**
Kultdisko am Chaweng Beach (Seite 47)

⭐ **Ko Tao**
Einfach abtauchen! Das wahre Paradies liegt hier unter Wasser (Seite 47)

⭐ **Mu Ko Ang Thong Marine National Park**
Wie eine verzauberte Welt präsentieren sich die Inseln des Meeresnationalparks (Seite 48)

⭐ **Hin Ta & Hin Yai**
Sehen Sie selbst, woher die Namen der skurrilen Felsformationen am Lamai Beach kommen (Seite 51)

⭐ **Ban Hua Thanon**
Die bunten Boote der muslimischen Fischer sind schwimmende Kunstwerke (Seite 53)

chen und durch neue Gebäude mit jeweils vier komfortablen Räumen ersetzt. Alle mit Aircondition, TV und Minibar. *32 Zi. | Choeng Mon Beach | Tel. 077 42 51 60 | Fax 077 42 54 03 | www.psthanaresort. com | €€– €€€*

■ FREIZEIT & SPORT ■

Surfbretter zum Windsurfen und Kajaks können Sie am Strand mieten.

CHAWENG BEACH

[115 D–E5]   **Ein 4 km langer, weißer Sandstrand zwischen kristallblauem Meer und Palmenspalier begeistert auch verwöhnte Strandkenner.** Kein Wunder, dass der Chaweng Beach (20 km nach Nathon) sich zum Tourismuszentrum auf Ko Samui entwickelt hat. Hier finden Sie alles: Resorts jeder Preisklasse und Restaurants mit den Küchen der halben Welt.

Reisebüros, Shops und Supermärkte. Bierbars, Pubs und eine Diskoszene, wie sie kein anderer Strand in Thailand bieten kann. Der letzte Fischer oder der letzte Kokosnussbauer sind längst weg, aber trotzdem ist dieser Strand kein betonierter Sündenfall. Es gibt strikte Auflagen. Kein Resort direkt am Beach darf höher sein als die Palmen. Um viele Anlagen wurden üppige Tropengärten gepflanzt.

■ ESSEN & TRINKEN ■

CAPTAIN KIRK

Inside Tipp

Dachterrassenrestaurant mit Spitzenküche und ausgezeichnetem Preis-Leistungs-Verhältnis. Auch superleckere Desserts wie z. B. Nougateis mit karamellisierten Cashewnüssen und Erdbeeren. Sehenswert auch die Fotogalerie mit Motiven aus ganz Südostasien. *Tgl. ab 17 Uhr | Beach Rd. | Zentrum | gegenüber Samui Night Plaza | Tel. 08 12 70 53 76 | €€– €€€*

Exotischer Genuss für Augen und Gaumen: Sogar ein Babyhai steht auf dem Speiseplan

KO SAMUI/OSTKÜSTE

EAT SENSE ⭐ 🌿

Hier isst das Auge in jeder Hinsicht mit. Denn auch die Aussicht ist bestechend. Exzellente thailändische Küche und Seafood können Sie open air oder klimatisiert genießen. *Tgl. | Beach Rd. | neben Banana Fansea Resort | Tel. 077 41 42 42 | www.eat sensesamui.com | €€€*

RED SNAPPER

Elegantes Spitzenlokal mit Terrasse neben dem Chaweng Regent Beach Resort (zu dem es gehört). Neuseeländisches Lamm wird hier genauso perfekt zubereitet wie norwegischer Lachs oder thailändische Königsgarnelen. *Tgl. | Beach Rd. | Tel. 077 42 20 08 | www.redsnapperbar andgrill.com | €€€*

RICE

Italiener gibt's auf Ko Samui wie Sand am Meer. Dieser hier hat sich seit seiner Eröffnung 2005 schon an die Spitze gekocht. Die gestylte Architektur und das Interieur von der Sofa-Lounge bis zum gläsernen Aufzug hinauf in den 2. Stock machen das Rice zudem zu einem Erlebnis. *Tgl. ab 14 Uhr | Beach Rd. | gegenüber Soi Green Mango | Tel. 077 23 19 34 | www.ricesamui.com | €€ – €€€*

STRANDLOKALE ⭐

Der Chaweng Beach wird abends zu einem auf Sand gebauten Gartenlokal umfunktioniert. Romantischer kann man im Schein von Tausenden Glühbirnchen nicht dinieren. Die Fische, Garnelen und Langusten werden an Ort und Stelle direkt vor den Augen der Gäste gegrillt. Alles andere wird aus den Resortküchen an den Strand getragen.

■ EINKAUFEN ■

Souvenirläden, Shops und Boutiquen, Schneidereien, Supermärkte und offene Verkaufsstände reihen sich an der Beach Road aneinander.

CAMERON HANSEN GALLERY *Insider Tipp*

Der australische Fotograf schafft Bilder von traumhafter, geradezu surrealer Schönheit. Seine mit der Kamera gemalten asiatischen Motive können Sie gleich mitnehmen oder sich schicken lassen. *Beach Rd. | gegenüber Beachwear-Shop Samui Hot Club | www.cameronhansen.net*

CHANDRA *Insider Tipp*

Ein Name, zwei Boutiquen, exquisite Kollektionen von Damenbekleidung, Accessoires, Schuhen. Die Israelis Dana und Barrack holen die Stücke aus halb Asien. *Beach Rd. | schräg gegenüber McDonalds und nahe Tops-Supermarkt | www.chandra-exotic.com*

MARKT

Bekleidung, Taschen, Schuhe, Souvenirs und allen möglichen Schnickschnack gibt es an vielen Ständen auf dem großen Marktgeviert an der *Beach Rd. gegenüber Resort Chaweng Regent.*

■ ÜBERNACHTEN ■

AKWA GUESTHOUSE ▶▶ 🔊 *Insider Tipp*

Poppig und funky ist dieses farbenfrohe Gästehaus. Viele junge Gäste schätzen die relaxte Atmosphäre. Alle Zimmer mit Aircon, TV. Zum Strand über die Straße. *20 Zi. | Beach Rd. |*

gegenüber Resort Poppies | Tel. 08 46 60 05 51 | www.akwaguest house.com | €–€€

CHAWENG BEACH HOTEL

Angenehme Zimmer in dreistöckigem Gebäude an der Strandstraße (zum Beach 2 Minuten durch das Resort Iyara). Aircon, TV, Minibar. Es gibt keine Betten, dafür bequeme Matratzen auf einem holzverkleideten Podest. Sehr gutes Preis-Leistungs-Verhältnis. *36 Zi. | Beach Rd. | Tel. 077 42 27 48 | Fax 077 42 27 47 | www.chawengbeach-hotel.com | €€*

THE LIBRARY ⭐ 📶

Ultracooles Designhotel, Ende 2006 eröffnet. Ein Gesamtkunstwerk mit Spa und rot gekacheltem Pool vorne am Beach. Schnörkellose Luxuszimmer. Viel Grün, alte Laubbäume. *26 Zi. | Beach Rd. | Tel. 077 42 27 67 | Fax 077 42 23 44 | www.thelibrary. co.th | €€€*

LONG BEACH LODGE

Geräumige Bungalows, alle mit Aircon, TV, Kühlschrank. Zwischen den Bungalowreihen schöne Freifläche. Strandrestaurant. Viele Stammgäste, familiäres Feeling. *54 Zi. | Beach Rd. | Tel. 077 42 21 62 | Fax 077 42 23 72 | €€–€€€*

MUANG KULAY PAN HOTEL

Gestylt von den Chromwaschschüsseln auf Bambusständern bis hin zu den palmlaubgedeckten Speisepavillons für zwei Personen am Strand. Vor dem riesigen Palmengarten mit Pool erstreckt sich eine 60 m lange Strandfront mit feinstem Sand. *42 Zi. | Beach Road | Tel. 077 42 23 05 | Fax 077 23 00 31 | www.kulaypan.com | €€€*

O. P. BUNGALOW

Einfache, aber saubere Bungalows mit Klimaanlage, TV, Minibar. Gepflegter Garten, gute chinesische und thailändische Küche im Restaurant direkt am Strand. Ein vorgelagertes Riff hält hier auch während des Nordostmonsuns (Nov.–Jan.) hohe Wellen ab. *35 Zi. | Beach Road | Tel. 077 42 24 24 | Fax 077 42 24 25 | www.opbungalow.com | €€*

❯ THEATER FÜRS VOLK

Im Likae geht es um Liebe, Eifersucht und Politik

Auf Festen in der Provinz zieht es immer noch Zuschauer in Scharen an: *Likae,* das Theater fürs Volk, das eine Mischung aus Pantomime und komischer Oper, Komödie, sozialkritischer Satire und Melodram ist. Mit ihrem ausgeprägten Sinn für *sanuk* (Spaß) sorgten die Thais dafür, dass dieses Volkstheater immer ausgelassener wurde. Es geht um Liebe und Eifersucht oder um Wirrungen in der Politik. Die *likae*-Künstler ziehen auf Wanderbühnen über die Dörfer. Sie gastieren meist im Hof der Tempel, wenn dort Jahrmärkte und Feste abgehalten werden, und ihre Darbietungen sind ein optischer Genuss. Die Schauspieler treten in extravaganten, schreiend bunten Kostümen auf, die Bühne ist einfach, aber die Kulissen leuchten in prächtigen Farben.

KO SAMUI/OSTKÜSTE

■ FREIZEIT & SPORT ■

Am Strand werden Windsurfbretter, Kanus und Katamarane vermietet.

■ AM ABEND ■

Jede Menge Bars und Pubs warten auf Nachtschwärmer. Nightlife-Zentren rund um die *Soi Green Mango* im Zentrum von Chaweng und an der *Soi Reggae* am Chaweng Lake. ▶▶ Gay-Szene in der Gasse schräg gegenüber *Centara Beach Resort* an der *Beach Rd.* Gay-Cabaret in der *Male Box (tgl. 22.30 Uhr)* und in der *Boy Zone (tgl. 23.30 Uhr | www.boyzonesamui. com)*. Travestieshows im *Starz Cabaret (tgl. 22 Uhr | Beach Rd. | schräg gegenüber Montien Hotel | www.starz samui.co.th)* und im *Christy's Cabaret (tgl. 23 Uhr | Seitengasse der Beach Rd. | nahe Burger King)*. Der ⭐ ▶▶ *Reggae Pub (Soi Reggae | www.reggae-pub.com)* ist schon Samui-Legende (feierte im Februar 2010 seinen 22. Geburtstag), aber immer noch ein Muss auf der abendlichen Clubbingtour. Auch am ▶▶ Green Mango *(www.greenmango group.com)* an der gleichnamigen Seitengasse kommen Nachtschwärmer, die gern unterm Mondlicht tanzen, nicht vorbei. Riesige Open-Air-Disko mit Platz für 2000 Leute.

Rings um das Green Mango viele Bars von rustikal bis hip. Z. B. der urige Partytreff *Sweet Soul* oder das hip-hoppige *Sound,* wo Sie von der Tanzfläche in den Pool springen können. Die Sperrstunde von 2 Uhr wird strikt eingehalten. Wer es ruhiger mag, lässt die Nacht mit einem Cocktail am Beach ausklingen. Viele Resorts betreiben Strandbars mit bequemen Liegen.

■ ZIELE IN DER UMGEBUNG ■

KO TAO ⭐ [O]

Das mit Abstand beste Tauchrevier im Golf von Siam umgibt diesen von Dschungel überwucherten Berg im Meer 55 km nördlich von Ko Samui. Das nur 21 km² große Eiland war

Ein Mix aus Exotik, Tradition und Show unterhält allabendlich die Touristen

früher eine Strafkolonie. Am Hauptstrand von *Mae Hat,* wo die Fährboote anlegen, und weiter nördlich am Strand von *Sai Ri* auf der Westseite reihen sich Restaurants, Tauchschulen, Läden und Resorts. Die meisten zweckmäßig, aber es gibt auch schnucklige Romantikbleiben wie das *Sensi Paradise Beach Resort (nur Online-Reservierung | www. sensiparadise.com | €€€).* Da viele

Resorts selbst eine Tauchschule betreiben oder mit einer solchen zusammenarbeiten, sollten Nichttaucher vorher fragen, ob sie überhaupt ein Zimmer bekommen. Touren und Unterkünfte vermittelt jedes Reisebüro auf Ko Samui. Tauchschulen auf Ko Samui unterhalten Filialen auf Ko Tao und vermitteln dort Bungalows

der Insel *Ko Mae Ko* hat die Natur einen smaragdgrünen Salzwassersee erschaffen, der rundum von Felswänden eingeschlossen ist. Die Parkverwaltung unterhält auf der größten Insel, *Ko Wua Talap*, einfache Holzbungalows für Gruppen und vermietet Zelte. Anmeldung unbedingt erforderlich *(www.dnp.go.th/parkreser*

Grün wie ein Smaragd schimmert der See von Ko Mae Ko, Hauptattraktion im Archipel

(www.kohtao.sawadee.com, www.kohtaoonline.com, www.kohtaolive.com).

MU KO ANG THONG MARINE NATIONAL PARK ⭐ [0]

Die rund 40 unbewohnten Inseln des Meeresnationalparks liegen ca. anderthalb Bootsstunden nordwestlich von Ko Samui. Die meisten sind nicht mehr als Felsen, die bis zu 200 m hoch steil aus dem Wasser ragen. Auf

ve). Jedes Reisebüro bietet Tagesausflüge mit Schnorchelstopps in diese faszinierende Inselwelt an. Ein besonderes Erlebnis sind ein- oder mehrtägige Kanutouren. Auch diese können Sie bei vielen Veranstaltern buchen. Von Anfang November bis Ende Dezember wühlt der Monsun das Meer jedoch so sehr auf, dass der Nationalpark aus Sicherheitsgründen geschlossen werden muss.

❯ *www.marcopolo.de/kosamui-kophangan*

CHAWENG NOI BEACH

[115 D6] Den kleinen *(noi)* Chaweng Beach trennt eine Landzunge vom großen Bruder. Der Chaweng Noi Beach ist gut 1 km lang, von grünen Hügeln eingerahmt und ein ruhiger, erholsamer Ort.

■ ÜBERNACHTEN

THE IMPERIAL SAMUI 📶

Das Edelresort wirbt damit, mediterranen Stil mit thailändischer Gastfreundschaft zu verbinden. Hier ist alles vom Feinsten, von den luxuriösen Zimmern bis zur herrlichen Gartenanlage. Zum Resort gehören ein Süß- und ein Salzwasserpool. *141 Zi. | Chaweng Noi Beach | Tel. 077 42 20 20 | Fax 077 42 23 96 | www.imperialsamui.com | €€€*

CORAL COVE BEACH

[119 D–E1–2] Der Coral Cove Beach ist eine weitere Meisterleistung der Natur an der Ostküste. Diese kleine Bucht tief unter der Ringstraße besticht durch ihre Felsformationen, die vom Meer umspült werden. Zwischen den Felsen feinster, weißer Sand. Fünf Resorts der mittleren bis gehobenen Preisklasse teilen sich dieses malerische Fleckchen.

■ ÜBERNACHTEN

CORAL COVE CHALET 📶

Die Bungalows am Hang oder direkt am Strand sind gemütlich und klimatisiert. Pool, Spa. *81 Zi. | 210 Coral Cove Beach | Tel. 077 42 22 60 | Fax 077 42 24 96 | www.coralcovechalet.com | €€€*

HI CORAL COVE 🌤

Die einfachen, aber sauberen Bungalows liegen malerisch am Palmenhang über der Felsenbucht. Alle Zimmer sind mit Aircondition oder Ventilator ausgestattet. Zum Strand hinunter geht's über eine steile Treppe, kleiner Pool. *27 Zi. | Coral Cove*

Insider Tipp

>LOW BUDGET

> Auch auf der Straße kann man lecker essen. Überall am Chaweng Beach finden Sie fliegende Köche mit ihren fahrbaren Garküchen an und auf den Gehsteigen. Gegrillte Hähnchen und Tintenfische, Nudelsuppen und Obst in Fülle gibt es zum Sparpreis.

> Jean bietet im *O'Soleil* die preiswertesten Bungalows am Choeng Mon Beach an (400–1200 Baht). *37 Zi. Choeng Mon Beach | Tel./Fax 077 42 52 32 | www.prealp.ch/osoleil*

> Die größte Auswahl an gebrauchtem Lesestoff finden Sie am Lamai Beach. 15000 Bücher in 18 Sprachen im *Island Books (Ring Rd. gegenüber Sugar Palm Resort)*.

> Billiger als in den *New Hut Bungalows* (ab 400 Baht, Ventilator/Dusche) können Sie am Lamai Beach ein paar Meter vom Wasser entfernt nicht wohnen. *36 Zi. | Tel. 077 23 04 37, 08 97 29 84 80*

> Am Ende der Walking Street am Lamai Beach warten tgl. ab ca. 17.30 Uhr Essensstände und Open-Air-Lokale im *Nightmarket* auf Gäste.

Beach | Tel. 077 42 24 95 | Fax 077 41 32 20 | www.sawadee.com/hotel/samui/hicoral | €–€€

THONG TAKHIAN BAY

[119 E2] **Selbst wenn alle fünf Resorts voll belegt sind, herrscht hier kein Rummel.** Der Strand ist erste Klasse, bei Ebbe ist das Wasser allerdings sehr flach, und Sie müssen erst ein Stück hinauswaten, bis es Schwimmtiefe erreicht.

◼ ÜBERNACHTEN ◼

SAMUI YACHT CLUB 🔊

Yachten gehen hier zwar nicht vor Anker, aber dieses Resort ist das erste Haus am Platz. Gepflegte Anlage mit viel Grün, Pool. Die Bungalows sind nicht luxuriös, aber mit allem Komfort ausgestattet (Aircondition, TV, Minibar). 43 Zi. | 209/1 Thong Takhian Bay | Tel. 077 42 22 25 | Fax 077 42 24 00 | www.samuiyachtclub.com | €€€

SILVER BEACH RESORT 🔊

Die Bungalows sind schlicht, aber teilweise sogar mit Aircondition, TV, Minibar ausgestattet. Nichts für Komfortsucher, aber dafür stimmt das Preis-Leistungs-Verhältnis. 35 Zi. | Thong Takhian Bay | Tel. 077 42 24 78 | Fax 077 45 84 17 | www.go2silverbeach.com | €

LAMAI BEACH

[118–119 C–D3–4] **Nach Chaweng ist dieser 4 km lange Strand mit feinem bis grobkörnigem Sand das am weitesten entwickelte Tourismuszentrum auf Ko Samui (30 km von Nathon).** Zahlreiche Shops, Restaurants und Internetcafés, Schneiderläden, Bars und Pubs säumen die zurückversetzte Strandstraße und stehen dicht an dicht im kleinen Zentrum. Fast alle Resorts liegen direkt am Strand. Das Preisniveau ist

Bizarres Naturkunstwerk: Hin Ta und Hin Yai faszinieren Einheimische wie Touristen

generell etwas niedriger als am Chaweng Beach, jedoch gibt es hier auch keine ausgesprochene Luxusherberge.

SEHENSWERTES

HIN TA & HIN YAI ⭐

Der „Großvaterfelsen" und der „Großmutterfelsen" (so die wörtliche Übersetzung) am südlichen Ende von Lamai Beach sind die berühmtesten Sehenswürdigkeiten auf Ko Samui, die von der Natur erschaffen wurden. Direkt am Strand und bei Flut vom Meer umspült, erinnern sie an männliche und weibliche Genitalien. Der Legende nach stellen sie ein Ehepaar dar, das hier vor der Küste Schiffbruch erlitt und nach seinem Tod versteinert wurde.

ESSEN & TRINKEN

Feinschmeckertempel werden Sie zwar am Lamai Beach vergeblich suchen, aber es gibt eine ganze Reihe von Lokalen, die ordentliche und preiswerte Gerichte auftischen. Ein netter Platz für einen Cappuccino und ein Törtchen ist das Café *Perck & Peck (tgl. | Beach Rd., gegenüber Resort Grand Thani)*.

CHOM LAY

Geheimtipp

Gute Thai-Küche direkt am Beach in einem blau-weißen Haus im Kolonialstil. Tagsüber können Sie den Pool neben dem Restaurant benutzen. *Tgl. 24 Std. | Ring Rd. | gegenüber Buddy Samui Shoppingplaza | Tel. 077 45 80 80 | €–€€*

LANDHAUS

Bei Michael aus Kärnten gibt's deftige Schweinshaxen ebenso wie Zwiebelrostbraten. *Tgl. | Beach Rd. | neben Hotel Bonny | Tel. 077 23 22 39 | www.landhaus.th.tc | €–€€*

SALATHAI RESTAURANT

Gute thailändische und italienische Küche, Seafood. Abends rappelvoll. *Tgl. ab 14 Uhr | Beach Rd. | nahe Night Plaza | Tel. 077 23 31 80 | €*

EINKAUFEN

Entlang der Beach Road gibt es jede Menge Souvenirshops, Läden, Supermärkte. Viele Stände sind in der *Lamai Night Plaza* im Zentrum.

FISHERMAN'S PANTS SHOP

Insider Tipp

Traditionelle Thai-Fishermen-Hosen und andere ausgewählte Kleidungsstücke von freaky bis hip finden Sie im Shop von Israeli Erez, der stets auch zu einem Plausch bereit ist. *Nördlicher Lamai, Gasse zum Strand gegenüber Riverside Bungalow | www.fishermenspants.com*

ÜBERNACHTEN

LAMAI PERFECT RESORT

Insider Tipp

Anfang 2008 eröffnetes Haus mit exzellentem Preis-Leistungs-Verhältnis (zum Beach 2 Min.). Klimatisierte Zimmer mit TV, Kühlschrank. Pool. *30 Zi. | Beach Rd. | Tel. 077 42 44 06 | Fax 077 41 89 48 | www.amisamuiho liday.com/perfectresort.html | €*

LAMAI WANTA 🛜

Cool gestyltes Resort in Weiß und Grau. Komfortzimmer in Bungalows oder im Hoteltrakt. Pool vorne am Beach. Viel Grün und alte Bäume. *74 Zi. | Beach Rd. | Tel. 077 42 45 50 | Fax 077 42 18 | www.lamaiwanta. com | €€–€€€*

LAMAI BEACH

SEABREEZE PLACE

Komfortable Zimmer in dreistöcki-
gem Gebäude (2007 eröffnet) mit TV,
Aircon, Kühlschrank. Garten, Pool.
Guter Gegenwert fürs Geld. Zum
Strand müssen Sie nur über die

Fax 077 42 46 67 | *www.spasamui.
com* | €

UTOPIA

Heimelige Teakholzbungalows mit
Klimaanlage, TV, Kühlschrank oder

Insider Tip

Während und nach der Regenzeit besonders eindrucksvoll: die Wasserfälle von Na Muang

Straße. *25 Zi.* | *Beach Rd.* | *Tel.
077 96 06 01* | *Fax 077 96 06 03* |
www.samuiseabreezeplace.com | €€

THE SPA RESORT

Einfache, aber angenehme Zimmer
mit Aircondition in Bungalows um
einen Pool oder im zweistöckigen
Gebäude. Eines der ersten Strandre-
sorts auf Ko Samui, das sich auf die
Gesundheit der Gäste spezialisiert
hatte (von Yoga über Dampfbad bis
Meditation und vegetarische Küche).
24 Zi. | *Ring Rd.* | *Tel. 077 23 09 76* |

Ventilator in schönem Garten. Fami-
liäre Anlage am Strand. *37 Zi.* | *Beach
Rd.* | *Tel. 077 23 31 13* | *Fax
077 42 41 51* | *www.utopiasamui.com*
| € €€

■ FREIZEIT & SPORT

Verleiher bieten Bretter zum Windsurfen direkt am Strand an.

■ AM ABEND

Das Zentrum des Nachtlebens ist
mitten in Lamai nahe McDonalds
mit vielen Clubs und Bars. Im offenen

Boxring zwischen den Bierbars bearbeiten sich auch schlagkräftige Damen mit Fäusten und Füßen. Lamai-Oldtimer, aber immer noch schwer aktiv ist das *Bauhaus* mit Bistro, Sportsbar, mit Rock und Pop und seinen Schaumpartys jeden Mo und Fr. Edler gestylt mit lautem House- und Trance-Sound ist der Aircon-Nightclub ▶▶ *Super Sub* hinterm Travestie-Cabaret *Zodiac (Shows So–Fr 22 und 23, Sa 21 und 22 Uhr)*. Erholung für die Ohren gibt's draußen im Biergarten des Super Sub.

■ ZIELE IN DER UMGEBUNG ■

BAN HUA THANON ★   [118 B–C4]

Dieses Fischerdorf 3 km südlich von Lamai ist wegen seiner bunten Boote bemerkenswert. Die *go lae* gehören muslimischen Fischern, deren Vorfahren Anfang des 20. Jhs. vom tiefen Süden Thailands nach Ko Samui übersiedelten.

WASSERFÄLLE VON NA MUANG   [117 F3]

Von der Ringstraße beim Dorf Ban Durian zweigen im Abstand von ca. 100 m Stichstraßen zu den Wasserfällen *Na Muang II* und *Na Muang I* ab. Die Nr. 2 ist mit einer Fallhöhe von 80 m eindrucksvoller als der kleinere Bruder (ca. 30 m Fallhöhe). Es gibt viele Souvenirbuden hier, Essensstände, Safaripark mit Affen- und Krokodilshow, Elefantentrekking. Jedes Reisebüro bietet Ausflüge hierher an *(www.samuinamuang safari.com)*.

WAT KHUNARAM   [118 A4]

Der Tempel ist nicht außergewöhnlich, doch die Thais kommen hierher, um den mumifizierten Körper des Mönchs Loung Pordaeng (gest. 1973) zu sehen. *Links an der Ringstraße westl. von Ban Hua Thanon, 1,5 km hinter der Abzweigung zum Wat Samret*

❯ BLOGS & PODCASTS
Gute Tagebücher und Files im Internet

❯ **http://samui-samui.de** – Der Deutsche Patrick Kollitsch ist nach Ko Samui ausgewandert und schreibt ganz persönlich über das alltägliche Leben dort und in Thailand.

❯ **www.thailandvoice.com** – Blogs von Ausländern, die in Thailand leben. Und jede Menge Links zu weiteren Thailand-Seiten

❯ **www.enjoythaifood.com** – Blogs und Informationen rund um eine der besten und sicher auch bekömmlichsten Küchen der Welt

❯ **www.thailandqa.com** – qa steht für question und answer. Hier stellen Blogger viele Fragen und geben noch mehr Antworten zu Themen rund um Leben und Reisen in Thailand.

❯ **http://thaiminator.podspot.de** – Radio Bangkok über Themen von Massage bis unberührte Inseln

❯ **www.blog.kosamui.de** – deutsche Blogs über Ko Samui und Ko Phangan

❯ **www.samui-webtv.com** – Zwei deutsche Medienprofis stellen Videos ins Netz.

Für den Inhalt der Blogs & Podcasts übernimmt die MARCO POLO Redaktion keine Verantwortung.

> DIE KÜSTE DER FISCHER UND BAUERN

Den Süden und den Westen von Ko Samui hat der Tourismus kaum verändert

> Der Tourismus boomt auf Ko Samui, aber die Süd- und die Westküste hat er bislang nur angekratzt. Hier finden Sie noch kleine, verträumte Bauern- und Fischerdörfer. Nur wenige Resorts haben sich in den kleinen Buchten angesiedelt.

Die Strände können nicht mit denen der Nord- oder Ostküste mithalten. Sie sind teilweise steinig oder schlammig, das Wasser ist an vielen Stellen bei Ebbe zu seicht zum Schwimmen. Aber auch hier hat die Natur einige sandige Buchten geschaffen, die wie schimmernde Juwelen auf Entdecker warten. Da die Inselringstraße schon bei Ban Hua Thanon einen Haken landeinwärts schlägt, sind die Resorts an der Südküste und an der unteren Westküste nur über Stichstraßen zu erreichen, die von der Straße 4170 abzweigen. Wer mobil sein will, braucht sein eigenes Fahrzeug. Die Strände werden im Uhrzeigersinn beschrieben.

Bild: Butterfly Garden

KO SAMUI
SÜD- UND
WESTKÜSTE

NATIEN BEACH/
KAP LAEM SET

[118 A6–B5] **Die Küste rechts (Natien Beach) und links vom Kap Laem Set ist mit ihren Felsformationen und Sandbuchten eine der schönsten auf Samui und dank der vorgelagerten Korallenriffe ideal zum Schnorcheln.** Dementsprechend gibt es hier nur noch Resorts der gehobenen Klasse.

■ SEHENSWERTES ■

BUTTERFLY GARDEN ⭐

Ein Netz überspannt diesen tropischen Garten mit künstlichem Teich und Wasserfall. Hunderte von Schmetterlingen jeder Art und Farbe flattern hier herum. Die Tiere haben sich so an die Besucher gewöhnt, dass sie manchmal sogar auf einer ausgestreckten Hand landen. Falls es regnet, sollten Sie den Besuch verschieben – dann fliegen die Schmetterlinge nicht. *Tgl. 8.30–17.30 Uhr | auf dem Hügel gegenüber Resort Centara Village | Eintritt 200 Baht*

■ ESSEN & TRINKEN

BAANLAMOM RESTAURANT

Eines der wenigen eigenständigen Restaurants in diesem Teil der Insel. Hier wird solide Thai-Küche ohne

Schwimmbecken ausgestattet. Drei Pools im herrlichen Tropengarten. Das Resort ist in Hanglage gebaut und weist selbst darauf hin, dass Gäste mit Gehschwierigkeiten hier nicht am richtigen Platz sind. *100 Zi. | Natien Beach | Tel. 077 42 40 20 | Fax 077 42 40 22 | www.centarahotelsresorts.com | €€€*

Unerwartete Pracht am einsamen Kap Laem Sor Chedi: die gleichnamige Pagode

besondere Schnörkel serviert. Spezialität des Hauses sind Seafood und Suppen mit Kokosmilch. *Tgl. | Straße 4170 | direkt an der Abzweigung zum Samui Aquarium | Tel. 077 23 31 46 | €*

■ ÜBERNACHTEN

CENTARA VILLAS SAMUI

Luxus, wohin man schaut. Ein Teil der Villen sind mit Jacuzzi und

KAMALAYA ★

In diesem Nobelresort (Hoteltrakt, Villen) urlaubt man nicht einfach – hier tut man etwas für seine körperliche, geistige und seelische Gesundheit. Das Angebot reicht von Detox und Fitnesstraining über Massagen bis zu Meditation und Yoga. Das Resort wurde um eine Höhle herumgebaut, in der einst buddhistische Mönche meditierten. Dieses Refugium kann heute noch besichtigt werden. *60 Zi. | Laem Set | Tel. 077 42 98 00 | Fax 077 42 98 99 | www.kamalaya.com | €€€*

SASHA CASAVELA

Elegantes Apartmenthotel in drei Gebäudekomplexen. Suiten mit Küchen und bis zu drei Schlafzimmern. Drei Pools. Das Toprestaurant *The Z (€€€)* kreiert thailändische und mediterrane Gerichte. Hotelgäste können in Mietkajaks die malerische Küste entlangpaddeln. *32 Zi. | Laem Set | Tel. 077 91 38 88 | Fax 077 91 38 99 | www.sashahotels.com | €€€*

BANG KAO BAY/THONG KRUT BAY

[117 D–F6] Hier im tiefen Süden von Ko Samui, 13 km von Nathon entfernt, sind Touristen nicht nur eine Minderheit, sondern fast noch eine Rarität. Nur eine Handvoll Anlagen verteilen sich entlang der Südküsten. Und nur ein einziges Resort gehört zur gehobenen Kategorie. Das wird wohl auch so bleiben. Denn kilometerlange Sandstrände fehlen hier. Nur an einigen Stellen können diese Buchten mit sandigen Streifen aufwarten, ansonsten ist der Beach steinig bis schlammig. Um in den Buchten von Bang Kao und Thong Krut mobil zu sein, müssen Sie ein Moped oder Auto über die Resorts mieten. Öffentliche Verkehrsmittel verkehren im tiefen Süden von Ko Samui nicht.

■ SEHENSWERTES ■

ANTIKES TEAKHOLZHAUS

Das Dorf Ban Tale an der Straße 4170 ist nur eine Ansammlung von wenigen Häusern. Eines davon ist jedoch bemerkenswert: Es wurde vor rund 150 Jahren ohne einen einzigen Nagel aus Teakholz gebaut und ist angeblich das älteste Haus auf Ko Samui.

LAEM SOR CHEDI

Insider Tipp

Die gelb getünchte Pagode steht auf dem gleichnamigen Kap am südlichsten Zipfel von Ko Samui direkt am Meer. Touristen verirren sich nur selten hierher. Trotzdem wartet die Besitzerin eines Getränkestands geduldig auf Kundschaft. *An einer Stichstraße von der Straße 4170*

SAMUI SNAKE FARM

In einer kleinen, überdachten Arena zeigen junge Burschen, dass sie we-

MARCO POLO HIGHLIGHTS

⭐ **Butterfly Garden**
Wo die schillernd bunten Flatterer handzahm sind (Seite 55)

⭐ **Kamalaya**
Luxuriöse Wellnessoase, in der einst buddhistische Mönche meditierten (Seite 56)

⭐ **Ko Tan**
Ein Inselchen, auf dem die Zeit stehen geblieben ist (Seite 59)

⭐ **Baan Taling Ngam Resort**
Edles Refugium in Hanglage mit bestechender Aussicht und sieben Pools (Seite 60)

der Angst vor dem Gift der Kobras noch vor dem Würgegriff der Pythons haben. Auch Skorpione fassen die jungen Männer furchtlos an *(Show tgl. 11, 12.30 und 14 Uhr | Eintritt 300 Baht).* Wer sich traut, darf selbst

Kaew (€), Gingpagarang Sea Food (€). Im *Imagine (€)* gibt's englisches Frühstück und Cocktails. Alle drei liegen nebeneinander an der Hauptstraße. Auf den Terrassen mit Meerblick sitzen Sie besonders angenehm. **Inside Tip!**

Begegnung mit der Riesenschlange: In der Samui Snake Farm erleben Sie die Tiere hautnah

spüren, wie sich ein Python am Hals anfühlt. Die Farm kann auch besichtigt werden *(tgl. 7–18 Uhr | Eintritt 150 Baht),* aber der Blick in die Käfige und Terrarien allein lohnt die Anreise nicht, interessant sind nur die Vorführungen. *Im Südwesten der Insel an der Straße 4170 gegenüber der Abzweigung zum Dorf Ban Phang Ka* | *www.samuisnakefarm.com*

■ ESSEN & TRINKEN

Im Dorf *Ban Thong Krut* speisen Sie billig in den Strandlokalen *Kung*

■ EINKAUFEN

Das Notwendigste gibt es in den Tante-Emma-Läden in Ban Tale, Ban Thong Krut, Ban Thong Tanote.

■ ÜBERNACHTEN

COCONUT VILLA 📶

Das beste Resort der Südküste. Aus der schlichten Anlage ist ein Edelresort mit Luxusvillen, zwei Pools und einem Spa geworden. *55 Zi. | Thang Tanote Beach | Tel. 077334069, 0863744404 | www.coonutvilla resort.com | €€€*

> *www.marcopolo.de/kosamui-kophangan*

JINTA BEACH BUNGALOW

Ideal zum Ausspannen und Auftanken, denn Ruhe ist in diesem Resort der größte Luxus. Die Bungalows sind einfach, aber sauber (Ventilator oder Klimaanlage, z.T. mit TV, Kühlschrank). Kleiner Pool, Kajakverleih und Internetcafé. *12 Zi. | Tel. 077 42 06 30 | Fax 077 42 06 32 | www.jintasamui.com | €*

■ FREIZEIT & SPORT ■

T. K. Tours (Tel. 077 33 40 52 | www.tktoursamui.com/tk-tour-samui.php) in Ban Thong Krut veranstaltet Bootstouren für Schnorchler zu den Inseln Ko Tan und Ko Matsum. Die Teilnehmer werden von ihren Resorts abgeholt.

■ ZIEL IN DER UMGEBUNG ■

KO TAN ★   [0]

Eine Fischersiedlung, Palmenhaine, Dschungel – diese kleine Insel liegt zwar nur 3 km entfernt vor der Südküste von Ko Samui, aber sie ist eine Welt für sich. Wer in einen der einfachen Bungalows zieht, zahlt maximal 450 Baht. Auskunft über Unterkunft und Bootstransfer bei *T. K. Tours.*

TALING NGAM BEACH

[116 C3–4]   Dieser Strand an der unteren Westküste der Insel ist zwar stellenweise kaum breiter als ein Badetuch, aber feinsandig und zweifellos der schönste auf dieser Seite Ko Samuis. Das grüne Hinterland mit dem verschlafenen Dörfchen Ban Taling Ngam ist auch heute noch fast so ursprünglich, wie es vor der Ankunft der ersten Touristen war.

■ SEHENSWERTES ■

WAT KIRI WONGKARAM

Auch in diesem Dorftempel wird der mumifizierte Körper eines hoch verehrten Mönchs *(Loung Pho Poo Perm, gest. 1976)* aufbewahrt. Das Kloster liegt in Ban Taling Ngam. Biegen Sie von der 4170 nach links durch das Elefantentor am Dorfeingang ab. Nach ca. 1 km sehen Sie den Tempel auf der rechten Seite.

■ ESSEN & TRINKEN ■

THE FIVE ISLANDS

Ein erlesenes Schmuckstück ist dieses elegante Open-Air-Restaurant unterm

> SCHATTENWELT
Das kunstvolle Spiel mit Licht und Schatten

Die Vorstellungen finden meist im Freien nach Sonnenuntergang statt. Der Puppenspieler hockt hinter einer weißen Leinwand, die von einer Glühbirne angestrahlt wird. Er bewegt die Puppen vor dem Licht, wirft so ihre Schatten auf die Leinwand und erzählt Geschichten von Liebe und Heldentum, von Gut und Böse.

Touristen interessieren sich eher für die filigranen Puppen, die aus Büffelhaut geschnitten sind. Viele Shops bieten diese Kunstwerke an. Und vielleicht sorgt ja der Tourismus dafür, dass wenigstens die Puppen bleiben, falls doch einmal der letzte Vorhang für das *nang thalung* fallen sollte.

leise raschelnden Palmlaubdach. Genießen Sie feinste, vor Ihren Augen zubereitete Thai-Gerichte und den Blick auf fünf vorgelagerte, unbewohnte Inselchen. *Tgl. ab 12 Uhr Five Island Beach | Abzweigung ca. 300 m nach Wat Kiri Wongkaram | Tel. 077 41 53 59 | www.thefiveis lands.com | €€– €€€*

077 42 32 20 | www.baantaling-ngam. com | €€€

AM SAMUI RESORT 🔊

Das frühere Wiesenthal Resort hat 2009 seinen Namen gewechselt, ist aber eine familiäre Oase der Ruhe direkt am Beach geblieben. Die renovierten Bungalows sind mit Aircon,

Inside Tipp

Schmal, aber feinsandig, ursprünglich und einfach wunderschön: der Taling Ngam Beach

■ ÜBERNACHTEN ■

BAAN TALING NGAM RESORT ⭐ 🌿 🔊

Vom Beach zieht sich dieses Spitzenresort eine grüne Bergflanke hoch – eine architektonische Meisterleistung. Zimmer und Villen mit traumhaftem Ausblick aufs Meer, viel edlem Holz und allem erdenklichem Luxus. Sieben Pools, Spa, Fitnesscenter, zwei Tennisplätze. *72 Zi. | Taling Ngam Beach | Tel. 077 42 91 00 | Fax*

TV, Minibar ausgestattet. Pool. *20 Zi. | Taling Ngam Beach | Tel. 077 23 51 65 | Fax 077 41 54 80 | www.amsamuiresort.com | €€*

■ FREIZEIT & SPORT ■

Das *Baan Taling Ngam Resort* bietet alle Arten von Wassersport an. Im *Am Samui Resort* können Sie Angel- und Schnorcheltouren buchen sowie Mountainbikes ausleihen.

> www.marcopolo.de/kosamui-kophangan

SANTI BAY

[112 B4–6] **5 km Strandeinsamkeit zwischen dem Kap Laem Chong Khram und dem Inselhauptort Nathon.** Die Santi Bay (auf manchen Karten *Ao Laem Din* oder *Chong Khram Bay* genannt) hat einen akzeptablen Strand. Das Wasser ist jedoch bei Ebbe sehr flach. Aber dafür können Sie hier an der geschützten Westküste auch während der Monsunzeit ohne Gefahr baden gehen.

■ ÜBERNACHTEN ■

Insider Tipp

LIPA LODGE RESORT

Ein Boutiqueresort zum Verlieben. Die Bungalows im Tropengarten sind mit Palmlaub gedeckt, teilweise mit Bambusmatten verkleidet, aber innen elegant, komfortabel und geräumig mit Aircon, TV, DVD-Player, Kühlschrank. Pool direkt vorne am fast schneeweißen Sandstrand. Ein perfektes Plätzchen für alle, die Ruhe atmen wollen. *11 Zi. | Ban Lipa Noi | Tel. 077 48 56 16 | Fax 077 41 50 92 | www.lipalodgeresort.com | €€–€€€*

THE LIPA LOVELY RESORT ♫

Angenehme Zimmer mit Aircon, TV, Minibar in Reihenhaus oder Bungalows. Schöner Tropengarten, Pool. *40 Zi. | Ban Lipa Noi | Tel. 077 42 30 25 | Fax 077 23 42 62 | www.thelipa.com | €€–€€€*

■ ZIEL IN DER UMGEBUNG ■

HIN-LAT-WASSERFALL [113 D5]

In der Trockenzeit nur ein Rinnsal, aber in der Monsunzeit und kurz danach stürzt über die Felsen genug Wasser in die Tiefe, um sogar einen natürlichen Swimmingpool zu füllen. Die Straße 4172 kreuzt ca. 2 km südlich von Nathon die Ring Road Richtung Meer, sie führt zum Immigration Office und zum Samui Hospital, landeinwärts bis zum Wasserfall, zum Kloster Hin Lat und einem Camp für Elefantentrekking.

NATHON

[112 C4] **Der Inselhauptort (6000 Ew.) ist tagsüber eine lebhafte Kleinstadt.** An den Piers legen die Fähren vom Festland an, entladen Fischer ihren Fang. In den Lokalen sitzen Touristen, an der Hauptgeschäftsstraße Thaweerat Phakdee Road (auch Nathon Road genannt) kaufen die Einheimischen all das, was sie in ihren Dörfern nicht

▶LOW BUDGET

▶ Die Zimmer im *Win Hotel* im Inselhauptort sind äußerst schlicht, aber mit Aircon, TV, für gerade mal 480 Baht zu haben. *33 Zi. | Chonvitee Rd., 200 m zum Pier | Nathon | Tel. 077 42 15 00 | Fax 077 42 14 54*

▶ Alles für den täglichen Bedarf und Souvenirs finden Sie nicht nur an den Stränden. Viele Einheimische kommen zum Shoppen in den Inselhauptort Nathon, weil dort alles billiger ist als in den Touristenbezirken.

▶ Für 99 Baht so viel essen, wie Sie wollen? Das gibt es: in einem Grillrestaurant, wo Sie Ihr eigener Koch mit Tischgrill sind. Das Lokal ist nur in Thai-Schrift beschildert, achten Sie auf die „99" im Namen. *Ecke Thaweerat Phakdee/Chonvitee Rd. | nahe Grand Seaview Hotel | Nathon*

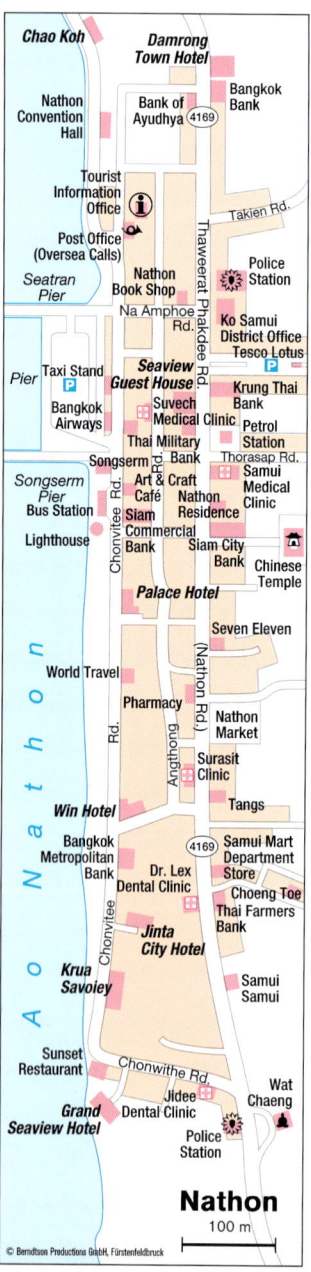

Nathon

100 m

© Berndtson Productions GmbH, Fürstenfeldbruck

bekommen. Nach Sonnenuntergang, wenn die Fremden an ihren Stränden, die Einheimischen wieder in ihren Dörfern sind, schaltet Nathon ein paar Gänge zurück und klappt die Gehsteige hoch. Sehenswürdigkeiten dürfen Sie hier nicht erwarten. Und in nur einer Stunde haben Sie den ganzen Ort gesehen. Das alte Nathon mit seinen verwitterten Holzhäusern stemmt sich nur noch in der *Angthong Road* gegen die neue Zeit mit ihren Betonbauten. Kaum ein Tourist übernachtet in Nathon. Aber wer sich erst mal in Ruhe die Strände anschauen will, findet hier preiswerte Hotels als Standquartier.

■ ESSEN & TRINKEN ■

Es gibt hier keine Gourmettempel, dafür aber eine Reihe von preiswerten Lokalen. Frühstück in vielen Varianten, frische Obst- und Gemüsesäfte, z. B. Karotte mit Apfel und Ingwer, und leckere vegetarische und thailändische Gerichte mit organisch gezogenem braunen Reis im Art & Craft Café der thailändischen Malerin June *(Mo–Sa 8–17 Uhr | Chonvitee Rd. | gegenüber Songserm-Pier)*.Thai-Küche mit Blick aufs Meer im Garten des *Sunset Restaurant (tgl. | Chonvitee Rd., beim Grand Seview Hotel).* Besonders schön abends, wenn sich die Lichter vom nahen Pier im Wasser spiegeln. Im chinesischen Chong Toe *(Di–So 8–14.30 Uhr | Seitengasse zwischen Samui Mart Department Store und Thai Farmes Bank)* gibt es vegetarische Gerichte.

■ EINKAUFEN ■

Haupteinkaufsstraße ist die Thaweerat Phakdee Rd. mit vielen Geschäf-

MUI/SÜD- & WESTKÜSTE

ten und Souvenirshops. Das größte Shoppingcenter ist der *Samui Mart Department Store,* der aber eher einem Tante-Emma-Laden auf zwei Stockwerken ähnelt. Größter Supermarkt im Ort ist *Tesco Lotus.* Gebrauchte Bücher, auch in deutscher Sprache, im *Nathon Book Shop (Na Amphoe Rd.).*

■ ÜBERNACHTEN

GRAND SEAVIEW HOTEL 🔊
Das beste Haus in Nathon. Große Zimmer mit Aircon, TV, Kühlschrank. Pool. 59 Zi. | Chonvithee Rd. | Tel. 077 42 14 81 | Fax 077 42 60 61 | *www.grandseaview beachhotel.com* | €–€€

JINTA CITY HOTEL
Einfache Zimmer, aber mit Aircon, TV, Kühlschrank. Internetcafé. Klei-

ner Pool. 43 Zi. | Chonvitee Rd. | Tel. 077 42 06 30 | Fax 077 42 06 32 | *www.jintasamui.com* | €

NATHON RESIDENCE 🔊
Insider Tipp
Freundliches und sauberes Haus mitten im Zentrum. Zimmer mit Klimaanlage, TV, teilweise mit Kühlschrank. Sehr gutes Preis-Leistungs-Verhältnis. 26 Zi. | 152 Thaweerat Phakdee Rd. | Tel. 077 23 60 81 | Fax 077 23 60 58 | *nathon-res@windows live.com* | €

■ AUSKUNFT

TOURISM AUTHORITY OF THAILAND (TAT)
Broschüren privater Anbieter und Infos auch über andere Reiseziele in Thailand. *Tgl. 8.30–12 und 13 bis 16.30 Uhr | Chonvithee Rd. | Seitengasse hinter dem Post Office | Tel. 077 42 05 04 | Tel. 077 42 07 20*

Bunte Löwen bewachen den Eingang zum chinesischen Tempel inmitten von Nathon

> VIEL NATUR UND ACTION BEI JEDER MONDPHASE

Am Partybeach von Hat Rin und an Buchten zwischen Meer und Dschungel fühlen sich vor allem jüngere Urlauber wohl

> **Es hat lange gedauert, aber seit ein paar Jahren boomt auch Samuis wilde Nachbarinsel Phangan. Die Straße von Thong Sala bis hinunter zum Kap von Hat Rin ist gesäumt von Shops und Kneipen.** Stichstraßen führen zum Meer und zu ein paar Dutzend Resorts. Aber keine Sorge, ein Rummelplatz sind die Strände von Ban Tai und Ban Khai trotzdem nicht. Es gibt kein großes Hotel hier, es sind alles Bungalowanlagen, die sich unter Palmen ducken

und zwischen sich und dem Nachbarn genügend Platz lassen. Eng wird es nur am Hat Rin. Aber danach, die ganze Ostküste hoch, zeigt sich Ko Phangan wieder von seiner wilden Seite. Über steile Bergflanken wuchert der Dschungel bis hinunter an die Felsklippen und kleine Buchten. Die Strände werden im Folgenden ab Thong Sala der Süd- und dann der Ostküste folgend gegen den Uhrzeigersinn vorgestellt.

> *www.marcopolo.de/kosamui-kophangan*

KO PHANGAN SÜD- UND OSTKÜSTE

THONG SALA

[120 B4–5] **Eine breite Hauptstraße, ein paar Seitengassen: Im 2000-Einwohner-Ort und Fährhafen finden Sie Reisebüros, Kneipen, Shops – aber keinen Schneider.** Was für eine thailändische Touristenecke so ungewöhnlich ist, wie das Oktoberfest ohne Bier (aber auf Ko Phangan trägt man Tattoos, keine Anzüge). Fast alle Touristen ziehen nach der Ankunft an einem der drei Piers an die Strände. Belebt ist Thong Sala nur tagsüber.

■ ESSEN & TRINKEN ■

A's Coffeeshop (tgl. | Taladkao Rd. | Seitenstraße bei der Krung Thai Bank | €) serviert gute internationale Küche wie griechischen Salat und Currywurst mit Pommes. Bei Irene aus Köln gibt's im *Sweet Café (tgl. | Leabchaitalay Rd.| Strandstr. gegenüber Lomprahaya Pier | www.the*

sweetcafephangan.com | € – €€) selbst gebackenes Brot und das größte Frühstücksmenü der Insel.

■ ÜBERNACHTEN ■

CENTERPOINT HOTEL

Die besten Zimmer in Thong Sala, mit Klimaanlage, TV, aber null Atmosphäre. *23 Zi. | Centerpoint Plaza |*

BAN TAI BEACH/BAN KHAI BEACH

[120–121 C–D5] Die Küste südlich von Thong Sala gliedert sich auf ca. 6 km in sanft geschwungene, palmengesäumte

Nutzpflanze und Schattenspender: Kokospalmen säumen die Küste südlich von Thong Sala

Ortszentrum | Tel./Fax 077377232 | www.phangacenterpoint.resort.phan ganbungalows.com | €

PHANGAN CHAI HOTEL)

Haus mit „Green Concept" (Strom liefern auch Solarzellen). Einfache Aircon-Zimmer mit Kühlschrank, TV. Pool. *55 Zi. | Hauptstraße vorne bei den Piers | Tel./Fax 077 37 70 68 | www.phanganchai.asia | €*

Buchten. Das Meer an den gelbsandigen Stränden ist hier sehr flach, aber das Wasser ist sauber. Allenfalls ein vorbeiknatterndes Fischerboot stört hin und wieder die Ruhe: ideale Strände, um lange Spaziergänge zu unternehmen oder endlich mal all die Bücher zu lesen, für die man nie Zeit hatte. Touristische Infrastruktur entlang der Hauptstraße, von der Pisten zu den Resorts führen.

> **www.marcopolo.de/kosamui-kophangan**

■ SEHENSWERTES ■

WAT KHAO THAM ✹

Dieses Kloster in den Bergen beim Dorf Ban Tai ist die berühmteste Meditationsstätte auf Ko Phangan. Seit 1988 leiten der Amerikaner Steve und seine australische Frau Rosemary Weissman verschiedene Meditationskurse von 10 bis 20 Tagen Dauer. | *www.watkowtahm.org*

WAT NAI

An der Straße, die von Ban Tai landeinwärts nach Ban Nok führt, erhebt sich nach ca. fünf Minuten Fahrt diese Pagode. Sie soll vor mehreren hundert Jahren erbaut worden sein und ist das älteste Bauwerk der Insel. Bemerkenswert die Dämonenskulptur am Fuß der Pagode.

■ ESSEN & TRINKEN ■

Wenn Sie nicht nur in den Resort-Restaurants essen wollen, finden Sie entlang der Hauptstraße eine ganze Reihe von kleinen Lokalen. Mehrere auf Seafood spezialisierte Lokale am Pier von Ban Tai. Im *Fisherman's (tgl. | Tel. 08 44 54 72 40 | € €€)* können Sie den Cocktail zum Sonnenuntergang und die Krebse in rotem Curry danach sogar in einem Longtailboot genießen.

■ EINKAUFEN ■

Im *Psy Shop (Ban Tai | Eingang My Palace Guesthouse)* gibt's funky T-Shirts in schrillen Farben. *Mr. Moon's Hammock Lovers Gallery* **Insider Tipp** hat Hängematten, die vom Mlabri-Stamm hergestellt werden *(Ban Tai | kurz nach Abzweigung zum Wat Khao Tham | www.jumbohammock.com)*.

■ ÜBERNACHTEN ■

DEW SHORE BUNGALOW 🔊 **Insider Tipp**

Hübsche Anlage mit Pool, angenehmer Familienbetrieb. Bungalows (im April 2008 renoviert) mit Aircon, TV, Kühlschrank. *Ban Tai Beach | Tel./Fax 077 23 81 28 | www.dewshore. com | €€– €€€*

HANSA RESORT 🔊 **Insider Tipp**

Schnuckliges Boutiqueresort. Komfortable Zimmer im kleinen Hoteltrakt oder Bungalows (Aircon, TV, Kühlschrank). Pool. *14 Zi. Ban Tai Beach | Tel. 077377494 | Fax 077377495 | www.hansaresort.com | €€*

PHANGAN ORCHID RESORT 🔊

Weiße Bungalows (Kimaanlage, TV, Kühlschrank) mit blauen Dächern, Pool. Sehr gepflegt. *18 Zi. | Ban Khai Beach | Tel./Fax 077 23 88 19 | www. phanganiorchidresort.com | €€–€€€*

MARCO POLO HIGHLIGHTS

★ **Sarikantang**
Zauberhaftes Resort an einem Bilderbuchstrand (Seite 69)

★ **Fahrt von Ban Khai nach Hat Tien**
Die wilde Fahrt auf einer abenteuerlichen Piste durch den Bergschungel ist nichts für schwache Nerven (Seite 71)

★ **The Sanctuary**
In diesem Resort am abgelegenen Hat Tien kommen Geist und Körper zur Ruhe (Seite 72)

★ **Hat Thong Nai Pan Yai/Pan Noi**
Zwei Buchten, an denen der Dschungel ans Meer kommt (Seite 72)

HAT RIN

[121 E–F6] **Als Schauplatz der legendären Vollmondpartys hat der ▶▶** *Hat (Strand) Rin* **bei den Ravern der Welt längst Kultstatus erreicht (12 km von Thong Sala).** Der *Hat Rin West* auf der westlichen Seite des *Laem (Kap) Hat Rin* ist nur am unteren Zipfel *(Leela Beach)* ein Sahnestückchen. Weiter oben beim Pier ist er schmal, steinig, zum Schwimmen nicht geeignet. Dafür ist der *Hat Rin East* ein erstklassiger, breiter Strand, eingerahmt von grünen Hügeln. Er ist Schauplatz der Vollmondpartys. Auf beiden Seiten des Kaps ist der Rin Beach aber keine Oase der Ruhe. Alles ist sehr eng bebaut, bunt zusammengewürfelt und sieht aus wie Wildwest in Fernost. Thailand ist hier ganz weit weg. Aber wer an den Rin Beach zieht, tut dies ja auch nicht wegen Land und Leuten – der will einfach Spaß haben.

▨ ESSEN & TRINKEN

Jede Menge Lokale, die so ziemlich alles von israelisch über mexikanisch bis Thai auftischen. Es gibt hier keine Sterne-Restaurants, aber einige bieten doch gehobene Küche an. *Emotion of Sushi (tgl. ab 19 Uhr | Seagarden Night Bazar, Hat Rin East | €–€€)* ist der hippste Laden am ganzen Beach, serviert aber auch westliche Küche. Im Monnalisa *(tgl. ab 17 Uhr | Hat Rin West | Straße zum Pier | €)* gibt's zu Pizza und Pasta auch Limoncello. Rin-Veteran *Mr. Raju* aus Nepal serviert im *Om Ganesh (tgl. | Hat Rin West | €)* leckere indische und vegetarische Küche in Fernfahrerportionen. In *Nivas Bakery (tgl. 24 Std. | an*
der Straße zwischen den beiden Stränden | €) bekommen Sie belegte Baguettes und gebackene Kartoffeln mit Joghurtdressing.

▨ EINKAUFEN

Das Angebot ist hier sogar größer als im Inselhauptort Thong Sala. In den Shops hängen Tangas, schräge Klamotten und Muschelkettchen.Eben all das, was es braucht, damit sich auch brave Büroangestellte für ein paar Wochen als Freaks verkleiden können. Dazu die üblichen Souvenirs von gefälschten Uhren bis zu bemalten Papierschirmen und alles für den täglichen Bedarf.

▨ ÜBERNACHTEN

Generell sind die Resorts am unattraktiven Hat Rin West günstiger als auf der anderen Seite. Allerdings gilt überall, dass sich die Preise zur Vollmondparty deutlich erhöhen. Und das

nicht nur am Rin Beach. Bis hoch nach Thong Sala und sogar noch weiter nördlich sind die Resorts oft schon Wochen vorher ausgebucht.

PHANGAN BAYSHORE RESORT

Die weitläufigste Anlage am Rin East. Wiese mit großem Pool zwischen den dreistöckigen Hoteltrakten. Komfortable Zimmer. Wer zur Vollmondparty anreist, muss eine Woche vorher einchecken. *89 Zi. | Tel. 077 37 52 24 | Fax 077 37 52 26 | www.phanganbayshore.com | €€–€€€*

RIN BAY VIEW

Zimmer mit Ventilator oder Aircon (auch TV, Minibar) in Bungalows oder zweistöckigem Gebäude. Wie überall am Rin West ziemlich eng, aber mit kleinem Garten und vom Meer weht eine angenehme Brise rein. *20 Zi. | Rin East | Tel. 077 37 51 88 | €–€€*

SARIKANTANG ⭐ 🔊

Traumhaft schöne Anlage an einem Strand wie gemalt: Büsche und Bäume wachsen aus weißem Sand. Bei Mama Pum können Sie sich wohl und wie zu Hause fühlen. Bungalows in verschiedener Ausstattung von luxuriös bis einfach (mit Ventilator). Pool, Spa, Gym. Obwohl der Partystrand nur ca. 7 Fußminuten entfernt ist, finden Sie hier eine andere Welt vor. *53 Zi. | Leela Beach | Tel. 077 37 50 57 | Fax 077 37 50 56 | www.sarikantang.com | €–€€€*

■■ AM ABEND ■■■■■■

Einmal im Monat, wenn der Mond rund wie ein Pfannkuchen am Himmel steht, tanzt der Bär auf dem östlichen Strand von Hat Rin. Viele Raver reisen aus allen Teilen der Welt extra für die ▶▶ Full Moon Party an. Es begann als kleine Lagerfeuerparty in den 1980er-Jahren. Und zwar vor

Jede Menge Shops, Lokale, Resorts: Der Hat Rin ist die Tourismushochburg auf Ko Phangan

den *Paradise Bungalows,* wo immer noch das Epizentrum der Full Moon Party ist. Aber inzwischen wird der ganze Beach aus Lautsprechertürmen beschallt. Mit so ziemlich jeder Musikrichtung von Drum 'n' Bass über Techno und Trance – und sogar scheibchenweise Rock. Je nach Saison raven auch schon mal 20 000 und

auch immer wieder Glasscherben im Sand. Viel gefährlicher sind aber die Mopedfahrer, die sich zugedröhnt auf den Heimweg machen. Nach der Party kommt es auf der kurvigen Straße vom Hat Rin Richtung Thong Sala häufig zu schweren Unfällen.

Wenn der Mond voll ist, pendeln öffentliche *songthaeo (Pick-ups)* die

Essen, trinken, chillen: Am Hat Rin gibt's dafür unzählige Möglichkeiten

mehr Partyfreaks auf dem 600 m langen Beach bis zum Sonnenaufgang. Unter ihnen auch immer Polizisten in Zivil, die Augen und Nase nach Drogen offenhalten.

Nehmen Sie auf keinen Fall Gepäck oder Wertsachen mit zur Party. Und feste Schuhe können auch nicht schaden. Viele Partygänger hauen sich die Promille zwar aus Plastikeimern rein, aber trotzdem liegen

ganze Nacht über zwischen Hat Rin und Thong Sala. Auf Ko Samui bieten Reisebüros Trips inklusive Unterkunft zur Vollmondparty an *(www.fullmoonpartypackage.com).*

Aber egal, wie voll der Mond ist – am Hat Rin ist immer irgendwo Party. Z. B. in Beachbars wie dem ▶▶ *Vinyl Club,* der ▶▶ *Zoom Bar* oder dem ▶▶ *Cactus Club.* Angesagte Nightspots zwischen den Stränden sind der ▶▶

Backyard Club, das ▶▶ *Bamboozle,* und die ▶▶ 𝄞 *Outback Bar,* die für Rin-Verhältnisse allein schon deswegen bemerkenswert ist, weil hier kein Trance-Sound dröhnt. Im ▶▶ *Reggae House* können Sie in der Hängematte chillen.

HAT TIEN/ HAT SADET

[121 F3–5] **Diese beiden herrlichen Buchten sind vom Rest der Insel und der Welt durch hohe Bergflanken abgeschirmt.** Einsamer und naturnaher können Sie nirgendwo auf Ko Phangan wohnen. Die Strände werden aber zunehmend von Tagestouristen entdeckt, die vom Hat Rin mit Longtailbooten übersetzen. Der Bootsverkehr ist aber vor allem im November und Dezember nur eingeschränkt oder gar nicht möglich. Dann bleibt (falls es nicht zu stark regnet) nur die Tour durch den Bergdschungel auf abenteuerlichen Pisten. Ganz besonders die halbstündige

★ *Fahrt von Ban Khai nach Hat Tien* ist für Naturfreunde ein absolutes Highlight. Wie auf einer Achterbahn geht es durch ursprünglichen Dschungel mit gigantisch hohen Bäumen. Nicht ganz so extrem ist die 15-Minuten-Tour bis Hat Sadet (gerechnet ab Abzweigung von der Straße Ban Khai nach Thong Nai Pan).

■ SEHENSWERTES ■
THAN-SADET-WASSERFÄLLE

Insider Tipp

Ein idyllischer Bach windet sich entlang der Piste durch den Dschungel. In der Regenzeit stürzt er an drei Stellen über riesige Findlinge talwärts. Von der Schönheit des Sadet-Flüsschens waren schon Majestäten angetan. König Chulalongkorn kam zwischen 1888 und 1909 zehnmal. König Bhumibol erfreute sich hier 1962 an der herrlichen Natur.

■ ÜBERNACHTEN ■

Beide Buchten sind nicht ans öffentliche Stromnetz angeschlossen. Strom liefern Generatoren meist nur bis Mitternacht. Nur im Resort *Sanctuary*

> TÄTOWIERUNGEN
Tattoos sollen böse Geister und Krankheiten abwehren

Tätowierungen sind in Thailand keine Modeerscheinung. Hier sind Tattoos Schutzschilde gegen die Widrigkeiten des Lebens. Besonders auf dem Land geht vielen die Kunst des Tätowierens noch immer unter die Haut. Wer die schmerzhafte Prozedur aushält, beweist, dass er vom Jüngling zum Mann gereift ist. Die traditionellen Tätowierungen haben einen halbreligiösen Charakter und werden meist von Mönchen ausgeführt. Während die Nadel in die Haut sticht, rezitiert ein buddhistischer Priester Beschwörungsformeln. Sie sollen den Tätowierungen magische Kräfte verleihen. Mit der reinen Lehre hat dies allerdings nichts zu tun. Es ist vielmehr ein Beweis dafür, dass der Buddhismus in Thailand durchwoben ist von animistischem Aberglauben. Heute lassen sich auch in Thailand immer mehr junge Frauen Tattoos stechen.

rund um die Uhr. Klären Sie vorher ab, ob die Resorts in der Hauptregenzeit (Nov./Dez.) offen sind.

Insider Tipp

BEAM BUNGALOW

Am Hang mit Blick auf eine weite Palmenwiese und die Bucht, mit Bambusmatten verkleidete Palmlaubdachbungalows; Dusche, Ventilator. Manager Jim sorgt für Wohlfühlatmosphäre. *15 Zi. | Hat Tien | Tel.*

>LOW BUDGET

> *Island Books* in Thong Sala hat auch gebrauchte deutsche Bücher in seinen Regalen stehen. *Taladmai Rd. (Hauptstraße) | Ortszentrum bei der Thai Military Bank*

> Satt für kleines Geld werden Sie von morgens früh bis spät in die Nacht (bei Vollmond auch bis Sonnenaufgang) in der Open-Air-Kneipe *Chicken Corner* am Hat Rin East *(Abzweigung von Strandstraße nach Hat Rin West).*

> Nette Pfahlbungalows (Ventilator/ Dusche) am Meer und in Hanglage am Thong Nai Pan Noi schon ab 300 Baht bietet das *Baan Ta Pan Noi (21 Zi. | Tel. 077 44 51 45).*

> Lecker und superbillig essen Sie auf dem *Nachtmarkt* im Zentrum des Inselhauptorts Thong Sala, z. B. gebratene Nudeln *(pad thai)* für 40 Baht. *Tgl. ab 17 Uhr*

> Das *Harmony Beach Resort* ist ein feines Plätzchen zum Chillen, schön in einen Felsenhang integriert, direkt am Beach. Ventilatorbungalows ab 500 Baht, mit Aircon ab 900 Baht. *19 Zi., Ao Hin Lor (zw. Ban Khai und Hat Rin) | Tel. 08 68 85 46 46 | har monybeachresort@gmail.com*

08 46 26 15 68 | beam-bungalow@ hotmail.com | €

MAI PEN RAI BUNGALOWS

Rustikale Unterkünfte, aber mit eigener Dusche, Ventilator und hohem Chill-out-Faktor. *43 Zi. | Hat Sadet | Tel. 077 44 50 90 | Tel. 08 18 94 50 76 | www.thansadet.com | €*

THE SANCTUARY ⭐

Zwischen Dschungel und Meer am Hang bietet dieses Resort Entspannung für Körper und Seele. Unterkünfte von klimatisierten Suiten bis zum Schlafsaalbett für 200 Baht. Fastenkurse, Yoga, Meditation. Ausgezeichnetes Restaurant, Spa, Internetcafé. Ganzjährig geöffnet. *37 Zi. | Hat Tien | Tel. 08 12 71 36 14 | Tel. 08 18 99 22 69 | www.sanctuarythai land.com | €–€€€*

TREE HOUSE LODGE

Insid Tip

Chillig und eine kleine Welt für sich in einer winzigen Bucht wie gemalt. Einfache Bungalows mit Dusche. 2008 eröffnet. *30 Zi. | Thong Reng Beach (von Hat Sadet 2 Min. zu Fuß) | kein Tel. | www.tree-house.org | €*

HAT THONG NAI PAN YAI/PAN NOI

[121 E2] ⭐ **Die Straße durch die Berge (18 km bis Thong Sala) ist noch fast durchgehend Piste, aber an den Stränden wird kräftig gebaut.** Hüttensiedlungen müssen Resorts der gehobenen Klasse weichen. Trotzdem sind die beiden Bilderbuchbuchten kein Rummelplatz. Im Dorf Thong Nai Pan geht's immer noch gemütlich zu, aber touristische Infrastruktur von Internetcafé über Souvenirshop bis Reisebüro finden Sie inzwischen.

■ ESSEN & TRINKEN ■

Im Touristendorf am Thong Nai Noi gibt es einige Lokale. Das *Sala Café (tgl. | €)* serviert Sandwiches und Vanilla-Käsekuchen, das *Luna (tgl. ab 19 Uhr | € – €€)* sogar gehobene Küche, z. B. Entenbrust mit Orangen-Ingwer-Soße.

■ ÜBERNACHTEN ■

CENTRAL COTTAGE 🔊

Der Oldtimer unter den Thong-Nai-Pan-Resorts bietet immer noch Ventilatorbungalows, aber auch klimatisierte Komfortbungalows und Zimmer im Hoteltrakt mit TV und Kühlschrank. Pool, Internetcafé. *50 Zi. | Thong Nai Pan Yai | Tel. 077 44 51 28 | Fax 10 77 44 50 32 | www.central cottage.net | € – €€€*

DOLPHIN 🔊

Holzbungalows mit Dusche, Aircon oder Ventilator in einem üppig wuchernden Tropengarten. Kein Meerblick von den Bungalows, aber vorne am Beach eine rustikale Bar und kleine Pavillons mit Dreieckskissen zum Relaxen. Der freakigste Platz am Beach. *21 Zi. | Thong Nai Pan Yai | keine Vorabbuchung | € – €€*

SANTHIYA RESORT & SPA 🌿 🔊

Das luxuriöseste Resort der ganzen Insel. Die Edelvillen verteilen sich über ein grünes Kap, aus einem künstlichen Wasserfall stürzt das er-

frischende Nass in Richtung Swimmingpool. *99 Zi. | Thong Nai Pan Noi | Tel. 077 42 89 99 | Fax 077 42 89 00 | www.santhiya.com | €€€*

Fast wie in alten Travellerzeiten: ein Aufenthalt im Central Cottage

THONGTAPAN RESORT 🌿 🔊

Bungalows in Hanglage. Viel Grün. *32 Zi. | Thong Nai Pan Noi | Tel. 077 44 50 67 | Fax 077 44 50 68 | www.thongtapan.com | € – €€*

> STRÄNDE MIT ROBINSONFEELING

Wo Bungalows am Berghang kleben und so manche Urlauber am liebsten Wurzeln schlagen möchten

> Die Westküstenstrände nördlich von Thong Sala lassen auf den ersten Blick keine Urlaubslaune aufkommen. Aus dem Uferschlamm sprießen Mangroven, an manchen Stellen liegen mehr Kieselsteine als Sand, baden ist nur bei Flut möglich. Aber dazwischen gibt es immer wieder feinsandige Buchten und je weiter Sie die Küste hochfahren, umso mehr freut sich das Auge. Und spätestens am Hat Yao (Long Beach) haben Sie wieder die Farbkombination, aus der

Strandträume gemacht sind: Das Wasser leuchtet in allen Nuancen von Blau, der feine Sand ist blendend weiß, und Palmen spannen ein natürliches grünes Dach über die Bungalowsiedlungen. Nur ein paar winzige Dörfer liegen an der Westküste. Im Vergleich dazu ist der einzige Ort der Nordküste, das Fischerdorf Chalok Lam, schon fast eine Kleinstadt. Abseits der gleichnamigen Bucht ist der Norden von Ko Phangan geprägt von

Bild: Chalok Lam Bay

KO PHANGAN WEST- UND NORDKÜSTE

einer felsigen Steilküste. Aber auch hier finden Sie am Hat Khuat (Bottle Beach) noch einen herrlichen Palmenstrand, an dem die touristische Entwicklung gerade erst begonnen hat. Außerhalb von Chalok Lam gibt es an der Nordküste keine Shops, aber alles für den täglichen Bedarf können Sie auch am Bottle Beach kaufen. Die Strände werden im Folgenden ab Thong Sala im Uhrzeigersinn vorgestellt.

NAI WOK BAY/ WOK TUM BAY

[120 B3–4] Die malerische Bucht von Nai Wok erreichen Sie von Thong Sala in gerade mal einem viertelstündigen Spaziergang. Einige nette Resorts säumen den Sandstrand. Wer hier wohnt, schätzt mehr die Nähe zum Inselhauptort, die Ruhe und das familiäre Ambiente der kleinen Anlagen. Auch in der Bucht von Wok Tum ist die Ruhe zu Hause, und die Natur beginnt gleich vor der Tür der Unterkünfte.

■ ESSEN & TRINKEN ■

Außerhalb der Resorts gibt es nur einige einfache Lokale entlang der Hauptstraße.

anlage, Kühlschrank. *25 Zi. | Nai Wok Bay | Tel. 077 37 71 91 | € – €€*

SEA SCENE

Am nördlichen Ende der Bucht in einer schönen Gartenanlage ordentliche Bungalows mit Ventilator, Dusche und elf mit Aircondition und Kühlschrank. *19 Zi. | Wok Tum Bay*

Als längster Strand auf Ko Phangan wird der Hat Yao auch Long Beach genannt

■ EINKAUFEN ■

Lebensmittelläden und ein paar Shops finden Sie in Ban Nai Wok und Ban Wok Tum.

■ ÜBERNACHTEN ■

PHANGAN BUNGALOW 🔊

Unter Palmen auf grüner Wiese stehen einfache Pfahlhütten mit Dusche und Ventilator. Außerdem gibt es zwei größere Bungalows mit Klima-

(Ao Play Laem) | Tel. 077 37 75 16 | www.seascene.com | € – €€

SRI THANU BEACH/CHAO PAO BEACH

[120 A2–3] **Die Bucht von Sri Thanu etwa 7 km nordwestlich von Thong Sala und der**

Chao Pao Beach sind durch eine Landzunge voneinander getrennt. Die Strände sind hier sandig, aber stellenweise wachsen Mangroven im Uferschlick. Vor allem bei Ebbe kann das Wasser sehr flach werden. Wer zur Abwechslung in Süßwasser schwimmen will, kann in den Minisee *Laemson* beim Dörfchen *Ban Sri Thanu* eintauchen.

■ ESSEN & TRINKEN ■

Entlang der Straße hinter den Stränden liegen kleine Touristendörfer mit einfachen Lokalen.

■ ÜBERNACHTEN ■

BLUE OCEAN GARDEN 🔊

Luciano aus Bergamo schuf Ende 2007 eine Anlage zum Verlieben. Mit wunderschönem Garten an einem besonders idyllischen Fleckchen des Strandes. Bungalows mit Aircon, Minibar. Am Strand ein Massagepavillon. Gutes Restaurant *(Dolce Vita, €€)* mit Thaiküche und Spaghetti. *9 Zi. | Chao Pao Beach | Tel. 08 96 36 81 89 | www.blueoceangarden.com | €€*

NICE SEA RESORT

Einfache Bungalows mit Dusche und Ventilator oder Aircon sind hier in den weißen Sand gepfählt. *16 Zi. | Sri Thanu Beach | Tel. 077 34 91 77 | natiwut@thai.com | €– €€*

HAT YAO

[120 A2] ★ An diesem 8 km von Thong Sala entfernten Palmenstrand ist alles makellos. Das Wasser ist auch bei Ebbe tief genug zum Schwimmen, das vorgelagerte Korallenriff lädt zum Schnorcheln ein. Der Strand (auch *Long Beach* genannt) ist mit ca. 1 km der längste und schönste Badestrand auf Ko Phangan. Der Hat Yao ist der am meisten entwickelte Strand der Westküste. Kaum mehr Billigbungalows. Gebaut wurde und wird für Klientel, die den Baht nicht zweimal umdrehen muss.

■ ESSEN & TRINKEN ■

An der Straße finden Sie mehrere einfache Restaurants und Bars.

■ EINKAUFEN ■

In kleinen Shops gibt es Souvenirs und alles, was Sie für den täglichen Bedarf brauchen. Zwei größere Supermärkte und daneben ein Laden mit gebrauchten Büchern am Eingang des Bay View Resort am nördlichen Ende des Strandes.

MARCO POLO HIGHLIGHTS

■ ÜBERNACHTEN ■

HAAD SON RESORT

Große, komfortable Zimmer in Bungalows und im Hoteltrakt. Hanglage oder vorne am Meer in einer kleinen, separaten Bucht *(Hat Son)* auf dem Kap am südlichen Ende des Hat Yao. Pool. *57 Zi.* | *Hat Son* | *Tel./Fax*

IBIZA BUNGALOW

Bungalows in verschiedenen Größen und Preisklassen. Mit Ventilator oder Klimaanlage, mit und ohne eigene Dusche. Viel Grün, Internetcafé, Chill-out-Bar. *33 Zi.* | *Hat Yao* | *Tel. 077 34 91 21* | *www.ibizabungalow. com* | €– €€

Naturerlebnis unter Wasser: Die Mae Hat Bay bietet ein schönes Riff zum Schnorcheln

077 34 91 03 | *www.haadson.net* | €€– €€€

HAAD YAO BAY VIEW RESORT

Aus der einstigen Travellerherberge ist das größte Resort am Beach geworden. Komfortable bis luxuriöse Zimmer in Hanglage mit toller Aussicht im Hoteltrakt und in Bungalows, teils mit eigenem Jacuzzi. Pool, Spa. *99 Zi.* | *Hat Yao* | *Tel. 077 34 91 93* | *Fax 077 34 91 40* | *www.haadyao-bayviewresort.com* | €€– €€€

LONG BAY RESORT

Gepflegte Anlage mit Pool in einem weiten Park am schneeweißen Strand. Klimatisierte Bungalows, die teureren mit TV, Kühlschrank. *30 Zi.* | *Hat Yao* | *Tel. 077 34 90 57* | *Fax 077 34 90 49* | *www.longbay-resort.com* | €€– €€€

■ FREIZEIT & SPORT ■

In der Bucht mit ihrem klaren Wasser gibt es ein schönes Riff zum Schnorcheln. Kajaks und Surfbretter können Sie am Strand mieten.

MAE HAT BAY

[120 B1] **Am Nordwestzipfel von Ko Phangan liegt diese Bucht mit feinstem Sand und türkisgrünem Wasser. Schönes Schnorchelrevier.** Zum vorgelagerten Inselwinzling ⭐ *Ko Ma* mit seinen Korallenbänken können Sie auf einer Sandbank bei Ebbe hinüberwaten. Ein halbes Dutzend Resorts bietet hier einfache Bungalows an. Im Frühjahr 2010 war allerdings ein Edelresort im Bau.

■ ÜBERNACHTEN ■

ISLAND VIEW CABANA 🔊

Insider Tipp

Einfache Bungalows mit Ventilator oder Klimaanlage direkt am Strand. Großes Freiluftrestaurant (€) mit preiswerter Thai-Küche, das auch gerne von Tagesausflüglern besucht wird. *47 Zi.* | *Hat Mae Hat* | *Tel. 077 37 41 72* | €–€€

ROYAL ORCHID RESORT 🔊

Schön gelegen im Grünen mit Blick auf Ko Ma. Die Bungalows sind klimatisiert oder mit Ventilator, alle mit Dusche. Der flache Strandabschnitt hier eignet sich allerdings nicht zum Baden. *31 Zi.* | *Hat Mae Hat* | *Tel. 077 37 41 82* | *www.royalorchidmaehaad.com* | €

UTOPIA RESORT ☀ 🔊

Die Lage dieses Resorts hat einen Vor- und einen Nachteil: Ca. 100 m über dem Meer zwischen Mae Hat und Chalok Lam bietet es einen herrlichen Ausblick (und niemand kann in die zum Meer hin offene Außendusche hineinschauen), aber zum Strand müssen Sie knapp fünf Minuten fahren (kostenloser Transport). Bungalows gibt es in verschiedenen Größen und mit unterschiedlicher Ausstattung (alle mit Aircon, TV, Minibar). Pool; kostenloses Surfen im Internetcafé. Selbst wenn Sie nicht hier wohnen, sollten Sie mal  ==vom Restaurant aus die Aussicht genießen==. Das Utopia Resort ist auch ein angenehmer Zwischenstopp bei einer Tour über die Insel. *34 Zi.* | *Tel. 077 37 40 93* | *Fax 077 37 41 59* | *www.phanganutopia.com* | €€–€€€

> FAMILIENBANDE

Die Familie ist die wichtigste Versicherung fürs Alter

Zentraler Bestandteil der thailändischen Erziehung ist der Respekt der Kinder vor den Eltern. Das Gebot „Du sollst Vater und Mutter ehren" bedeutet aber für junge Thais nicht nur Gesten des Respekts. Kinder sehen es als ihre selbstverständliche Pflicht an, für ihre Eltern zu sorgen, wenn diese im Alter kein Einkommen mehr haben. In einem Land ohne allgemeine staatliche Rentenversicherung sind die Familienbande von enormer Bedeutung. Auch in Thailand kommt es immer häufiger vor, dass Ehen zerbrechen. Aber der Elternteil, der die Kinder großzieht, kann im Alter auf deren Fürsorge bauen. Und das nicht nur finanziell. Großfamilien sind auch heute noch üblich in Thailand. Für die meisten Thais ist es selbstverständlich, dass sie mit ihren Eltern bis zu deren Tod zusammen unter einem Dach leben.

Vom chinesischen Kuan-Yin-Tempel hat man einen weiten Blick auf die Chalok Lam Bay

CHALOK LAM BAY

[120 C1] Im Zentrum der von Palmen gesäumten Bucht liegt der Fischerort Chalok Lam (11 km nach Thong Sala). Er

ist mit ca. 1000 Ew. die zweitgrößte Siedlung der Insel, aber trotzdem nur ein Ein-Straßen-Dorf. Ein halbes Dutzend Resorts hat sich angesiedelt. Aber für die meisten Touristen ist Chalok Lam nur Zwischenstation auf dem Weg zum Hat Khuat (ca. 15 Minuten mit dem Longtailboot).

■ SEHENSWERTES

KUAN-YIN-TEMPEL ★ ❋

Der chinesische Tempel ist der Göttin der Gnade geweiht. Von hier haben Sie eine herrliche Aussicht über dicht bewachsene Hügel bis aufs Meer. *3 km südlich von Chalok Lam an der Straße nach Thong Sala*

■ ESSEN & TRINKEN

Einige einfache Lokale an der Dorfstraße oder am Strand servieren klassische Thai-Gerichte. Internationale Küche im Designrestaurant *Seesha (tgl. | Resort Mandalai).*

■ EINKAUFEN

Mehrere kleine Läden und ein 7-Eleven-Supermarkt.

■ ÜBERNACHTEN

CHALOKLUM BAY RESORT 🔊

Eine grüne Oase der Ruhe am flachen westlichen Ende der Bucht. Bei Ebbe müssen Sie weit hinauswaten. Alle Bungalows mit Aircon, TV, Minibar und Meerblick, Pool. *40 Zi. | Chalok Lam Bay | Tel. 077 37 41 47 | Fax 077 37 42 22 | www.chaloklumbay. com | €€ – €€€*

MANDALAI 🔊

Cooles Design in Weiß prägt dieses Boutiquehotel in der Mitte der Bucht beim Pier. Edle Zimmer mit allem Komfort ausgestattet, bis hin zum Flachbildschirm und DVD-Player. Suiten mit Jacuzzi. Kleiner Pool. *12 Zi.* | *Chalok Lam Bay* | *Tel. 077 37 43 16* | *Fax 077 37 43 20* | *www.mymandalaihotel.com* | €€€

■ FREIZEIT & SPORT ■

An der Hauptstraße, ca. 300 m vor Chalok Lam, betreiben der Hamburger Tom und seine Frau Jo den *First Bow & Arrow Club (tgl. 9–18 Uhr | 500 Baht pro Std.)*. Neu seit 2010: In geschlossenen Tanks mit konzentriertem Salzwasser ==erleben Sie Schwerelosigkeit== und können dabei meditieren *(750 Baht für 45 Min. | nach Voranmeldung: Tel. 08 95 30 40 80)*.

HAT KHUAT

[121 D1] ★ Khuat heißt „Flasche", und deswegen wird dieser palmengesäumte Sandstrand auch *Bottle Beach* genannt. Flankiert von Felsenkaps und grünen Hügeln, ist der Strand mit gerade mal vier Resorts ein Refugium für Leute, die nicht der Partys wegen nach Phangan kommen. Wo früher die Freaks mit schmalem Geldbeutel unter sich waren, finden sich heute allerdings auch Komforttouristen ein.

■ ÜBERNACHTEN ■

In der Hauptregenzeit November/Dezember sind die Resorts eventuell geschlossen. Hohe Wellen machen die Anfahrt mit dem Boot schwierig bis unmöglich. Und die Anfahrt auf der Piste von Thong Nai Pan zum Hat Khuat ist selbst für Allradfahrzeuge kaum zu bewältigen.

BOTTLE BEACH 1 RESORT

Das erste der früheren drei *Bottle Beach Resorts* hat sich gemausert. Zwar sind die Bungalows immer noch einfach, aber die meisten sind mit Klimaanlage ausgestattet. Zum etwa halben Preis können Sie die Aircon-Bungalows auch nur mit Ventilator buchen. *25 Zi.* | *Hat Khuat* | *Tel. 077 44 51 51* | *Fax 077 44 51 26* | *www.bottlebeach1resort.come* | € €€

HAAD KHUAD RESORT

Das frühere *Bottle Beach III* ist das nobelste Haus am Platz. Bungalows mit Ventilator gibt es zwar noch, aber im Hotelgebäude warten 15 schöne Zimmer mit Aircondition, Minibar, TV, DVD auf Gäste. *27 Zi.* | *Hat Khuat* | *Tel. 077 44 51 53* | *Fax 08 18 94 34 41* | *www.phangan.info/ bottlebeach* | € €€€

>LOW BUDGET

> Wenn Sie in einem Reisebüro nach Wagen mit Fahrer fragen, kontaktieren diese oft Ein-Mann-Taxi-Unternehmen – und berechnen noch Provision. Direkt ist es billiger. Inseltouren macht z. B. *Mr. Jude* mit seinem Pick-up. *Tel. 08 95 94 57 61, Tel. 08 48 52 11 94* | *j-taxi@hotmail.com*

> Sie wünschen sich einen Bungalow mit Ventilator und Dusche direkt am Beach ab 300 Baht? Dann sind Sie im *Maehat View Resort* 🔊 genau richtig. *25 Zi.* | *Tel. 08 78 96 44 24* | *maehaad view@yahoo.com*

> Das Resort *Bottle Beach* hat noch einfache Unterkünfte wie aus der Hippiezeit ab 200 Baht. *38 Zi.* | *Bottle Beach* | *Tel. 077 44 51 56*

Die Ausflüge führen tief in den Dschungel zu beeindruckenden Tempeln und wilden Wasserfällen

Die Touren sind auf dem hinteren Umschlag und im Reiseatlas grün markiert

1 KO SAMUI RUNDUM

Die Insel ist viel zu schön, um den ganzen Urlaub nur am Strand zu verbringen. Entdecken Sie Tempel und stille Buchten, Wasserfälle und ursprüngliche Fischerdörfer. Und vergessen Sie bei dieser Rundfahrt mit dem Mietwagen Ihre Badesachen nicht. Wo auch immer Sie gerade sind auf Ko Samui – das Meer ist nie weit weg. Auf der Insel der kurzen Wege wird die

ca. 70 km lange Rundfahrt zu einer gemütlichen Tagesreise.

Beginnen Sie die Tour am **Big Buddha** *(S. 38)* an der Nordküste. Morgens, wenn es noch nicht so heiß ist, können Sie die Treppen zu der erhabenen Statue aufsteigen, ohne sich die Füße zu verbrennen – denn die Schuhe müssen ausgezogen werden. Genießen Sie die phantastische Aussicht, entzünden Sie ein paar Räucherstäbchen, und wenn Sie dem

Bild: Ban Hua Thanon

AUSFLÜGE & TOUREN

Kloster darüber hinaus noch etwas zukommen lassen wollen, können Sie für ein paar Baht einen Ziegelstein kaufen und Ihren Namen draufschreiben. Die Steine werden für Erweiterungsbauten verwendet. Beim Big Buddha zweigt die Straße zum Airport und zum **Chaweng Beach** *(S. 44)* ab. Fahren Sie auf der Beach Road Richtung Süden, bis diese auf die Inselringstraße 4169 trifft. Schon kurz hinter Chaweng geht es bergauf.

Auf dem höchsten Punkt, beim **Beverly Hills Restaurant** hinter Coral Cove, ist ein weiterer Halt Pflicht. Denn hier liegen Ihnen die grüne Küste und das blaue Meer zu Füßen. Danach geht es wieder abwärts, und wenig später passieren Sie die Thong Takhian Bay und befinden sich wieder fast auf Meereshöhe. Nach 2 km erreichen Sie den **Lamai Beach** *(S. 50)*. Links zweigt die Beach Road ab, aber wenn Sie auf der Ringstraße bleiben, sehen Sie in der ersten Kurve rechts das **Lamai-Kloster** mit Museum. In einem Bogen nähert sich die Ringstraße wieder dem Strand. Die letzte Abzweigung nach links, gegenüber der Wache der Touristenpolizei, führt zu **Hin Ta & Hin Yai**, den „Großvater-" und „Großmutterfelsen" *(S. 51).*

am kleinen **Wang Sao Thong** und dann am **Khao Yai Waterfall** *(Eintritt 30 Baht),* der ca. 50 m tief über Felsen stürzt. Nach ca. 15 Minuten erreichen Sie das ☀ *Giant Valley Restaurant (tgl. | €).* Von dort in 473 m Höhe haben Sie bei angenehmer Temperatur und einem Kokos-Milkshake eine grandiose

Inside Tip

Das Lamai-Kloster beherbergt ein volkskundliches Museum: die Ban Lamai Cultural Hall

2 km weiter südlich liegt das Dorf **Ban Hua Thanon** *(S. 53).* Bevor Sie dort die bunten Fischerboote bewundern, können Sie auf der Ringstraße einen Abstecher landeinwärts machen. Nach ca. 3 km zweigt von der Ringstraße rechts eine Straße ab zum **Samui ATV Park**, wo Sie in Allrad-Geländefahrzeugen herumkurven können. Interessanter ist aber die Tour weiter bergauf durch den Wald. Sie kommen an zwei Wasserfällen vorbei. Zuerst

Sicht auf grüne Berghänge, die Strände der Südküste und das Meer und die vorgelagerten Inselchen.

Weiter kurvt die schmale Straße bergauf. Nach weiteren ca. 2 km erreichen Sie den ⭐ *Tamin Magic Buddha Garden (tgl. 9–18 Uhr | Eintritt 80 Baht).* Die verwitterten Buddhastatuen verleihen der herrlichen Fels-Dschungellandschaft, durch die ein Bach rauscht, den Zauber einer versunkenen Welt.

> *www.marcopolo.de/kosamui-kophangan*

AUSFLÜGE & TOUREN

Auf dem Rückweg nach Ban Hua Thanon können Sie noch einen Abstecher zum Tempel von Wat Khunaram (S. 53) machen. In Ban Hua Thanon verlassen Sie die Ringstraße und biegen nach links auf die 4170 ab. Nach ca. 1,5 km liegt linkerhand das Restaurant Baanlamom (S. 56). Die Abzweigung nach links führt zum Samui Aquarium (S. 97) und zum Butterfly Garden (S. 55). Wenn es Sie inzwischen nach einer kleinen Stärkung gelüstet, können Sie in den dortigen Restaurants einkehren. Weit besser sind Küche und Ambiente allerdings im Restaurant The Z des Resorts Dasha Casavela (S. 57) kurz hinter dem Butterfly Garden. Wie wär's mit australischem Lamm in südthailändischem Kokosmilchcurry?

Fahren Sie die Straße weiter, vorbei am Wellnessresort Kamalaya (S. 56), und Sie erreichen wieder die 4170. Hinter dem Dorf Ban Thale, an der Kreuzung mit der 4173 geht es wieder nach links und direkt die Küste entlang zur Pagode Laem Sor Chedi (S. 57) direkt am Meer. Auf dem Rückweg nehmen Sie die erste Abzweigung links und kommen so nach ca. 1 km wieder auf die 4170. Hier wieder links und nach einem weiteren Kilometer fahren Sie ins Dorf Ban Thong Krut, wo Sie im Naga Pearl Shop (S. 29) die schimmernden Kostbarkeiten bestaunen und auch kaufen können. Wie wär's mit einem Stopp in der Samui Snake Farm (S. 57) direkt an der 4170 bei der Abzweigung zum Dorf Ban Phan Ka? Im Dorf selbst, direkt am Meer, eröffnete 2009 das elegante Boutiqueresort Elements (www.elements-koh-samui.com | €€€). Lust auf einen Nachtisch? Im Restaurant Fai (€€€) gibt's Trio of Crème brûlée [Insider Tipp] mit Geschmack von grünem Tee, Kardamom, Mango. Dieser Ort liegt ebenso im touristischen Abseits wie 3 km weiter nördlich Ban Taling Ngam. Wenn Sie dort nach links abbiegen und durch den von Elefantenstatuen flankierten Dorfeingang fahren, kommen Sie zum Kloster Wat Kiri Wongkaram (S. 59), dessen größte Sehenswürdigkeit ein mumifizierter Mönch ist. 3 km nördlich von Ban Taling Ngam mündet die 4170 wieder in die Ringstraße. Zum Inselhauptort Nathon sind es jetzt nur noch 7 km.

Falls Sie von Wasserfällen noch nicht genug haben, biegen Sie beim Dorf Ban Lipa Yai in die Straße 4172 nach rechts zum Hin-Lat-Wasserfall (S. 61) ein. Oder Sie lassen die Inseltour mit einem Bummel durch Nathon (S. 61) ausklingen. Vielleicht laden ja am Pier gerade Fischer ihren Fang aus, und Sie können sich schon einmal überlegen, was Sie sich abends in Ihrem Beachresort auf den Grill legen lassen.

2 KO PHANGAN: KÜSTE UND DSCHUNGEL

Auf eine Ringstraße wird Ko Phangan wohl noch viele Jahre warten müssen. Trotzdem müssen Sie sich nicht zu Fuß auf den Weg machen, um die Insel zu erkunden. Mobil sind Sie auch mit einem Mietmotorrad. Bedenken Sie allerdings, dass einige Straßen nur Pisten sind und große Anforderungen an das fahrerische Können stellen. Sicherer kommen Sie mit einem öffentlichen Pick-up voran, den Sie samt Fahrer chartern können, oder mit einem gemieteten Allradjeep. Auf dieser Tagestour durch den Dschungel und zu einigen der schönsten Strände von Ko Phangan werden Sie zwischendurch auch in See stechen und im offenen Motorboot die Küste entlangschippern.

Start ist am Hat Rin *(S. 68)*. An diesem Strand warten immer Fahrer von öffentlichen Pick-ups *(songtaeo)* auf Kundschaft (ein weiterer Platz, an dem Sie ohne Probleme eines der Fahrzeuge mit zwei gepolsterten Bänken auf der überdachten Pritsche finden, ist der Inselhauptort Thong Sala). Für einen Tagescharter müssen Sie mit ca. 2000 Baht rechnen. Sie können die genannten Strecken natürlich auch zu den festgelegten Fahrpreisen zurücklegen, aber dann müssen Sie warten, bis genügend Passagiere Platz genommen haben. Außerdem können Sie unterwegs nicht einfach nach Lust und Laune Zwischenstopps einlegen. Der Charter lohnt sich also schon aus Zeitgründen, und außerdem haben Sie einen ortskundigen Fahrer dabei, der neben den asphaltierten Straßen auch die Pisten und Pfade findet. Sprechen Sie vor der Abfahrt die Route mit ihm durch und machen Sie deutlich, dass es Ihnen nicht darum geht, möglichst schnell von A nach B zu kommen.

Vom Hat Rin geht es auf der asphaltierten Straße Richtung Thong Sala. Nach ca. 7 km zweigt im Dorf Ban Tai rechts eine Piste ab ins Inselinnere. Sie führt bis hoch zur Zwillingsbucht von Thong Nai Pan im Nordosten von Ko Phangan. Die Strecke ist zwar nur 8 km lang, aber die reine Fahrtzeit auf dieser nur stückweise betonierten Straße beträgt ca. 45 Minuten. Nach etwa 1 km erreichen Sie die kleine Siedlung Ban Nok. Auf der linken Seite liegt die jahrhundertealte Pagode des Wat Nai *(S. 67)*. Weiter geht es rauf und runter durch den Dschungel. Nach rund 6 km zweigt beim Dörfchen Ban Thong Ngan eine Piste ab, die entlang eines Flüsschens bis zum Strand von Hat Sadet *(S. 71)* führt. Durch dieses wildromantische Tal sind auch schon thailändische Könige – z. B. König Chulalongkorn – geschritten, um die Than-Sadet-Wasserfälle *(S. 71)* zu bestaunen.

Für den ganzen Weg bis zum Strand (ca. 3 km) und wieder zurück sollten Sie mindestens eine halbe Stunden einkalkulieren. Aber selbst wenn Sie der Piste nur ein Stück weit folgen, bekommen Sie schon einen guten Eindruck von der Schönheit dieser unberührten Natur. Wieder auf der Hauptstraße sind es noch 5 km Fahrt bis Thong Nai Pan.

Lassen Sie sich dann zum Strand von Thong Nai Pan Yai *(S. 73)* fahren. In einem der Beachresorts können Sie bei einem kühlen Drink den Staub aus der Kehle spülen. Ein Boot zu finden, das Sie die Felsenküste entlang nach Westen zum Fischerdorf Chalok Lam *(S. 80)* bringt, ist kein Problem. Fragen Sie einfach in einem Resort oder bitten Sie Ihren Fahrer, nach einem der Fischer Ausschau zu halten, die hier auch für Fährdienste zuständig sind. Vielleicht legt ja ohnehin gerade ein Boot nach Chalok Lam ab. Falls nicht, müssen Sie eines chartern. Für die Überfahrt von ca. 35 Minuten sollten Sie nicht mehr als 1050 Baht bezahlen (handeln!). Wenn alles geregelt ist, können Sie sich von Ihrem Fahrer verabschieden. Natürlich nicht, ohne ihm vorher klarzumachen, dass er Sie in Chalok Lam abholen soll. Für den Weg zurück auf der Piste nach Ban Tai und auf der asphaltierten Straße über Thong Sala nach Chalok Lam braucht das *songtaeo* etwa eineinviertel Stunden. Sie können es also gemütlich angehen lassen, erst noch eine Runde schwimmen und auch noch einen Zwischenstopp am fast unberührten Strand von Hat Khuat *(S. 81)* einlegen, der etwa auf dem halben Weg zwischen Thong Nai Pan und Chalok Lam liegt.

Keine Bange, Sie können Ihren Fahrer in Chalok Lam nicht verfehlen. Er wird dort warten, wo die Boote anlegen. Das Fischerdorf selbst ist keine Attraktion. Aber wenn Sie die Hauptstraße entlangspazieren, sehen Sie noch alte Holzhäuser, ein paar Läden und eine Tankstelle, die aus einigen Benzinfässern mit Handpumpen besteht. Auf dem Rückweg

nach Thong Sala liegt nach ca. 3 km rechterhand auf einer Anhöhe ein chinesischer Tempel. Die Pagode beherbergt eine Statue von Kuan Yin *(S. 80)*, der Göttin der Gnade. Von hier oben haben Sie einen wunderbaren Ausblick auf Dschungel, Palmenhaine und die Bucht von Chalok Lam.

4 km weiter zweigt hinter dem Dorf Ban Madua Wan nach links eine Piste zum Phaeng Waterfall ab. Vom Parkplatz sind es noch ca. 300 m auf einem steilen Pfad bis zu dem Wasserfall, der in der Trockenzeit nicht mehr als ein Rinnsal ist. Wenn Sie noch weitere 200 m bergauf steigen, erreichen Sie einen **Aussichtspunkt** *Insider Tipp*, von dem aus Sie die grünen Berge von Ko Phangan in ihrer ganzen natürlichen Schönheit betrachten können.

Die Bucht von Hat Thong Nai Pan Noi: ein Fischerdörfchen, ein paar Resorts und viel Ruhe

EIN TAG AUF KO SAMUI

Action pur und einmalige Erlebnisse.
Gehen Sie auf Tour mit unserem Szene-Scout

GOOD MORNING

7:30

Unter den wachsamen Augen des großen Buddhas und seines kurvigen Körpers schmeckt das Frühstück aus Käsebrötchen oder chilischarfer Reissuppe gleich doppelt so gut. Dazu eine Tasse heiße Schokolade, und der Tag kann kommen! **WO?** *Big Buddha Beach, The Scent Hotel | www.thescenthotel.com*

8:30

VIEL GLÜCK

Der Tempel *Plai Laem* schillert in allen Farben. Zuerst den Buddha bewundern, dann die Fische im See füttern. Das soll Glück bringen und gut fürs Karma sein. **WO?** *Hinter dem Big Buddha Beach beim Kloster Wat Nuan Na Ram, Straße nach Choeng Mon Beach*

ISLAND-HOPPING

10:00

Vor der Westküste warten fünf unbewohnte Eilande auf Entdecker. Im privaten Longtailboot rausfahren und die abwechslungsreiche Küste bestaunen. Wer eine Abkühlung braucht, springt ins Meer. Unter Wasser können Schnorchler die bunte Unterwasserwelt bestaunen. Paradies für Robinson-Fans! **WO?** *Westküste, Ao Taling Ngam, Abzweigung zum Beach nahe Kloster Kiri Wongkaram | Anmeldung unter Tel. 077 41 53 59 | Kosten: ab 2750 Baht/Person bei mind. 2 Teilnehmern | www.thefiveislands.com*

13:00

AUF DIE KLIPPEN

Hungrig? Dann wird's Zeit für Lunch light! Top-Location für lecker-leichte Kost: *The Cliff*. Chefkoch Martelli zaubert mediterrane Gaumenschmeichler auch als Fest fürs Auge. Ein exotischer Salat oder Muscheln in Weißweinsoße, dazu ein Gläschen Champagner? Der Blick auf Küste und Meer ist gratis. **WO?** *An der Ring Road zwischen Chaweng und Lamai | www.thecliffsamui.com*

24h

BIKERS PISTE

14:00

Mountainbiker erobern den Bergdschungel! Rad mieten und auf dem Kurventrail aufwärts powern. Und dann runter vom Asphalt und offroad zu ausgeschilderten Wasserfällen! **WO?** *Bikeverleih: Mountain Bicycle, Lamai Beach, Ringstraße Richtung Ban Hua Thanon, nahe Post Office | Kosten: 200 Baht/Tag | Tel. 08 73 82 61 78*

17:00

LUXUSTRAUM

Ab ins Wellnessparadies *Spa Tamarind Springs*. Mitten im Dschungel werden hier Träume wahr. Zwischen mächtigen Felsen grünt es üppig, Wasser ergießt sich in kleine Pools. Eine Wellnessoase wie eine Zauberwelt. Tief durchatmen, genießen und so richtig relaxen! **WO?** *Lamai Beach | Kosten: Verwöhn-Packages ab 1500 Baht | Pickup-Service unter Tel. 077 23 05 71 | www.tamarindsprings.com*

CURRY & CO.

19:30

Dinner in Style im edlen *Padma*. Zwischen poliertem Holz und viel Weiß treffen Welten aufeinander: Chefkoch Azizskandar kreiert mediterrane Küche mit thailändischem Touch. Exzellent: das Pheanang Nua, ein Rindfleischcurry mit Basilikum und Chili. **WO?** *Karma Resort, Straße von Chaweng nach Choeng Mon Beach | www.karmasamui.com*

22:00

CLUBBING-TOUR

An der *Q Bar* kommt kein Clubber vorbei. Hier feiert die In-Crowd. Dann geht es weiter zur *Mintbar* mit internationalen Top-DJs hinter den Turntables. Wer noch nicht genug hat, muss nur vor die Tür treten. Hier liegt ein Nightspot neben dem anderen – also Party on! **WO?** *Q Bar: Hügel hinter dem Chaweng Lake | www.qbarsamui.com | Mintbar: Chaweng Beach, Soi Green Mango | www.mintbar.de*

> TAUCHAUSFLÜGE UND DSCHUNGELTOUREN

Abenteuerliche Exkursionen unter Wasser und zu Land erwarten aktive Urlauber auf Ko Samui und Ko Phangan

> Auf Inselurlauber warten im Golf von Siam viele Arten von Wassersport. Aber auch an Land können Sie aktiv werden.

■ GOLF

Ko Samui ist keine Golfdestination wie etwa die Insel Phuket, aber auch hier können Sie auf schönen Plätzen einlochen. Der *Bophut Hills Golf Club* (www.bophuthillsgolf.com) zählt neun Löcher und liegt am Fuß der Berge hinter dem Dorf Bo Phut.

Die Platzgebühr beträgt 1700 Baht. Wie eine natürliche Achterbahn zieht sich der Kurs des noblen ▶▶ *Samui Santiburi Country Club* (www.santiburi.com), der zum gleichnamigen Beachresort gehört, über die Hügellandschaft hinter dem Mae Nam Beach. Er bietet nicht nur 18 Löcher, sondern auch eine spektakuläre Sicht auf die Küste. Die Platzgebühr für 18 Löcher inklusive Golfcart und Caddie beträgt 4350 Baht. Im *Royal Samui*

SPORT & AKTIVITÄTEN

Golf Club (*www.rsgcc.co.th*) bei Lamai können Sie <mark>18 Löcher für 1150 Baht</mark> spielen.

■ INSELSAFARIS

Klar, Ko Samui ist nicht Afrika. Aber Safari ist der gängige Name für Touren, die in den Bergdschungel der Insel und die Küste entlangführen. Von jedem Reisebüro werden sie in zig Variationen angeboten: stundenweise, halb- oder ganztägig, mit dem Jeep, zu Fuß, auf Elefantenrücken, mit dem Kanu und mit Ochsenkarren. Ein Tagestrip kostet ca. 1300 bis 2200 Baht (*www.island safaritour.com*). Inseltour auf Ko Phangan z. B. mit Koh Phangan Safari (*www.phangansafari.com*).

■ KANUFAHREN

Ein Vergnügen der Extraklasse: die Inselwelt des Meeresnationalparks Ang Thong mit ihren unberührten

Stränden, Höhlen und schroffen Klippen im Kanu entdecken. Jedes Touristenbüro vermittelt Trips. Renommierte Veranstalter sind *Blue Stars (Tagestour 2200 Baht | www.bluestars.info)* und *Sea Canoe Thailand (www.seacanoethailand.com/samui.htm)*. Sea Canoe bietet einen Zweitagestrip mit Übernachtung im Zelt für 13 000 Baht an.

KITEBOARDING

Der neueste Trend auf Ko Samui für die Fans von Wind und Wellen ist Kiteboarding. Die Surfer lassen sich von einem Fallschirm übers Meer ziehen, die Cracks heben dabei sogar ab. Schnupperkurse ab ca. 4000 Baht. Am Mae Nam Beach unterrichten die Profis von *Koh Samui Kiteboarding (www.kohsamuikiteboarding.com)*. Im Südwesten von Ko Samui im Samui Orchid Resort (beim Aquarium) hat *Kiteboarding Asia (www.kiteboardingasia.com)* eine Filiale.

MINIGOLF

Natürlich können hier auch Kinder spielen, aber die *No. 1 Jungle Golf (tgl. 9–18.30 Uhr | 400 Baht | www.minigolfsamui.com | Tel. 08 17 87 91 48)* des Deutschen Jürgen Schnurr ist eine professionelle Anlage mit 18 Bahnen von je 12 m. Achtung: Im Frühjahr 2010 war die Anlage noch geöffnet, stand aber zum Verkauf. *An der Straße vom Choeng Mon Beach zum Big Buddha Beach*

SCHNORCHELN

Die schönsten Schnorchelecken von Ko Samui finden Sie in der Bucht von Coral Cove, der Na Khai Bay und der Thong Son Bay. Das beste Korallenriff liegt vor Ko Tan. *TK Tour (www.tktoursamui.com/kayaking-snorkelling-trip.php)* veranstaltet einen ganztägigen Kajak-Schnorchel-Trip für 1300 Baht. Auf Ko Phangan können Sie am Riff vor Hat Yao, beim Inselchen Ko Ma vor Hat Mae Hat und in der Bucht von Hat Tien schnorcheln. Dort, wo Taucher unter Wasser gehen, finden auch Schnorchler die besten Plätze, um Korallen und kleine Fische zu sehen: im Ang Thong Marine National Park und besonders bei der Insel Ko Tao. Auch dorthin werden Schnorchelausflüge angeboten. Viele *Dive Shops* nehmen Schnorchler zu ermäßigten Tarifen mit auf ihre Tauchausflüge.

SEGELN

Ko Samui ist kein Seglerdorado wie die Insel Phuket, aber Yachten für Sunsetcruises, einen oder mehrere Tage können Sie auch hier chartern. Ein Tag mit der Hi Jinx z.B. kostet inklusive Skipper bei *Sailing Ko Samui (www.sailingkohsamui.com)* 15 000 Baht. Weitere Charteryachten bei: *Private Yacht (www.private-yacht.com)*, *Siam Sail (www.siam-sail.com)* und *Samui Ocean Sports (www.sailing-in-samui.com)*.

TAUCHEN

Unmittelbar vor Ko Samui und Ko Phangan sind keine bemerkenswerten Tauchgründe zu finden. Fast alle Tauchtouren führen in den Meeresnationalpark Ang Thong und besonders zum besten Revier im Golf von Siam, nach ⭐ *Ko Tao (Tour mit drei Tauchgängen und einer Übernachtung ca. 150 Euro)*. Auf Ko Tao unterhalten fast falle Tauchshops Filialen. In den Gewässern dieses Tauchparadieses fühlen sich Fächerkorallen ebenso wohl wie Walhaie. Renommierte Tauchschulen auf Ko Samui sind die deutsche Tauchschule *Calypso Diving* (www.calypso-diving.com), *Easy Divers* (www.thaidive.com) und die *Samui International Diving School* (www.planet-scuba.net). Auf Ko Tao tauchen Sie ab mit *Big Blue Diving* (www.bigbluediving.com), auf Ko Phangan mit *Phangan Divers* (www.phangandivers.com) sowie die deutsch-englischen Tauchschule *Chaloklum Diving* (www.chaloklum-diving.com).

THAIBOXEN

Beim *muay thai*, dem Thaiboxen, geht's mit Händen und Füßen zur Sache. Auch Westler wollen lernen, wie es geht – unter ihnen immer mehr Frauen. Viele Boxcamps bieten auch Unterkünfte an. Renommierte Schulen auf Samui sind z. B. *Pinyo Muay Thai (Lamai | www.pinyomuaythai.com), Superpro Samui (Chaweng | www.superprosamui.com)* und *WMC Muay Thai Camp (Lamai | www.wmcmuaythaicamp.com).* Auf Phangan steigen Sie in *Thong Sala bei Muay Thai Chinnarach* (www.muaythaichinnarach.com) in den Ring.

WINDSURFEN

Private Verleiher an den Stränden und größere Resorts bieten Bretter an. Im europäischen Winter von etwa November bis Februar treibt nordöstlicher Wind die Surfer an der Nordküste (Mae Nam, Bo Phut) und der Ostküste (Chaweng, Lamai) voran. Im europäischen Sommer bläst der Wind an der Westküste in die Segel.

Noch letzte Tipps von der Tauchlehrerin, bevor es zum Abenteuertrip in die Tiefen geht

> # AFFENTHEATER UND GRAUE RIESEN

Exotische Tiere, die Kinderliebe der Thais und traumhafte Strände
machen den Urlaub auf Ko Samui für Groß und Klein zum Vergnügen

> In den 1970er- und 80er-Jahren fielen Urlauberkinder auf Ko Samui noch auf wie Eisbären auf dem Berliner Ku'damm. Denn die Besucher waren selbst alle jung – Rucksacktouristen, die noch nicht daran dachten, Eltern zu werden.

Außerdem hielt die beschwerliche Anreise auf überfüllten Fischerbooten jene Touristen ab, die weder sich selbst noch ihren Kindern Strapazen zumuten wollten. Aber die Zeiten haben sich geändert. Inzwischen kön-nen Sie bequem und sicher mit dem Flugzeug nach Ko Samui reisen. Niemand muss mehr in Palmlaubhüt-ten nächtigen oder zurück aufs Fest-land, wenn er mal einen Arzt brau-chen sollte. All das trägt dazu bei, dass sich die einstige Hippieinsel Ko Samui immer mehr zum Reiseziel für die ganze Familie entwickelt.

Die Natur hat Ko Samui als Bade-insel geschaffen, die auch für Kinder geradezu ideal ist. Die Hauptstrände

Bild: Elefantentrekking durch den Wald

MIT KINDERN UNTERWEGS

sind feinsandig und ohne Steine oder Korallen, an denen sich die Kleinen verletzen könnten. Zudem ist das Wasser im Uferbereich meistens so flach wie im Planschbecken. Und noch einen großen Vorteil haben die Strände Ko Samuis: Die Resorts liegen direkt am Strand, sodass keine Straße überquert werden muss.

Und wenn es am Strand doch mal langweilig werden sollte, finden Sie auch abseits von Sand und Meer einige Attraktionen und Ausflugsziele, an denen Kinder ihre Freude haben dürften. Allerdings nur auf Ko Samui. Die touristische Infrastruktur auf Ko Phangan schließt Unterhaltungsangebote für Kinder bislang noch nicht ein.

Fertige Babynahrung und Wegwerfwindeln können Sie auf Ko Samui in vielen Geschäften kaufen. Die größte Auswahl finden Sie im riesigen Supermarkt von Tesco Lotus in Bo Phut. Auf Ko Phangan ist das Angebot dagegen sehr begrenzt. Hierher kommen nur wenige Touristen mit Kindern – viele sind ja selbst fast noch Kids. Ihren Kinderwagen kön-

Auch immer mehr Familien mit kleinen Kindern entdecken die Inseln für sich

nen Sie zu Hause lassen. Auf den löchrigen Gehsteigen – falls solche überhaupt vorhanden – ist nur eine Kindertrage sinnvoll.

■ KO SAMUI: NORDKÜSTE ■

SAMUI MONKEY THEATER, BO PHUT [114 C3]

Den Aufführungen im *Samui Monkey Theater* werden auch die Kleinsten

begeistert folgen. Die tierischen Hauptdarsteller balancieren auf Stangen, zeigen allerlei Kunststücke und schneiden Grimassen. *Show tgl. 10.30, 14 und 16 Uhr | Eintritt für Erwachsene 300 Baht, für Kinder 150 Baht. Das Affentheater liegt beim Dorf Bo Phut im Norden der Insel, die Abzweigung von der Ringstraße ist ausgeschildert.*

Affen, die Kokosnüsse pflücken, können Sie Ihren Kindern aber auch an anderen Stellen der Insel zeigen. Achten Sie auf die Schilder mit der Aufschrift *monkey works coconut*.

Insider Tip

■ KO SAMUI: OSTKÜSTE ■

FOOTBALL GOLF, CHOENG MON BEACH [115 F2]

Insider Tip

Ja, das gibt's auch, seit Tom Robinson aus Liverpool die Idee dazu hatte. Es gilt, einen Fußball in die 18 Löcher zu bugsieren – und zwar nicht mit einem Schläger, sondern mit dem Fuß. *Tgl. 9–18.30 Uhr | Eintritt 500 Baht, Kinder 300 Baht | www.samuifootballgolf.com | Die Anlage liegt am Choeng Mon Beach an der Hauptstraße kurz vor dem Resort Imperial Boathouse, wenn Sie von Chaweng kommen.*

MINIGOLFANLAGE CRAZY GOLF, CHAWENG BEACH [115 E4]

Ein Spaß für Jung und Alt ist die Minigolfanlage mit dem verrückt klingenden Namen. Hier können Sie auch ins geöffnete Maul eines Betontigers einlochen. *tgl. 11–24 Uhr | Eintritt 200 Baht, Kinder zahlen zwischen 11 und 18 Uhr 120 Baht | Crazy Golf finden Sie an der Beach Rd. hinter Gringos Cantina, Abzweigung beim Restaurant The Islander.*

KINDERN UNTERWEGS

KO SAMUI: SÜD- UND WESTKÜSTE

ELEFANTENREITEN

Elefanten sind nicht heimisch auf Ko Samui. Erst der Tourismus brachte die Dickhäuter auf die Insel. Das Verbot, in thailändischen Wäldern Holz zu fällen, hat viele Elefanten – ursprünglich für die Holzwirtschaft unentbehrliche Zug- und Lasttiere – arbeitslos gemacht. Auf der Suche nach neuen Erwerbsquellen ziehen die *mahouts*, die Halter der Elefanten, mit ihren Tieren dorthin, wo Touristen sind. Für Kinder ist die Begegnung mit den grauen Riesen allemal ein Abenteuer. Elefantentrekking können Sie in den Reisebüros buchen. Oder achten Sie einfach auf die Schilder zu den Camps entlang der Ringstraße. Sehr schön sind Touren auf Elefanten-rücken im Dschungel bei den Wasser-fällen von Na Muang an der Ring-straße von Lamai landeinwärts (*www.namuangsafarisamui.com*). Auf Ko Phangan finden Sie ein Elefantencamp an der Hauptstraße 2 km vor Chalok Lam (*www.koh phanganelephanttrekking.com*).

PARADISE PARK FARM [117 E2]

Ziegen und Kaninchen, Ponys, Rehe und zahme Papageien – diese hoch in den Bergen gelegene Farm ist ein riesiger Streichelzoo und ein Paradies für Kinder. Restaurant, Swimming-pool und tolle Sicht auf Küste und Meer bis nach Ko Phangan (*tgl. 9–18 Uhr | Eintritt 300 Baht, Kinder 100 Baht | www.paradiseparkfarm.net*). Die Farm holt Gäste gegen einen Aufpreis auch von den Hotels ab. *Abzweigung von der Ringstraße beim Dorf Ban Saket (ausgeschildert). Die* Straße, die nahe Lamai von der Ringstraße zum Tamin Magic Buddha Garden abzweigt, führt ebenfalls weiter zur Paradise Park Farm.

SAMUI AQUARIUM, NA KHAI BAY ⭐ [118 B5]

Großen Fischen ins Auge zu schauen dürfte auch kleine Leute faszinieren. Im *Samui Aquarium* schwimmen nicht nur bunte Korallenfische hinter Glas, sondern auch Haie, Meeres-schildkröten und sogar Seelöwen. Auch ein Tigerzoo gehört zur An-lage. *Tgl. 9–17 Uhr, Shows tgl. 13.30 und 14 Uhr | Eintritt (auch ohne Show) Erwachsene 750 Baht, Kinder 400 Baht | www.samuiorchid.com | Das Samui Orchid Resort & Aqua-rium liegt am Natien Beach (im Süd-osten von Samui)*

Streicheleinheiten für einen der Darsteller im Samui Monkey Theatre

> VON ANREISE BIS ZOLL

Urlaub von Anfang bis Ende: die wichtigsten Adressen und Informationen für Ihre Ko-Samui-Reise

▪ ANREISE ▪

Urlauber aus Europa müssen in Bangkok den Flieger wechseln. Nach Ko Samui fliegen von Bangkok nur *Bangkok Airways (www.bangkokair. com)* und seit Februar 2008 auch *Thai Airways (www.thaiair.com)*.

Der billigste One-Way-Tarif beginnt bei 2800 Baht. Die meisten internationalen Fluggesellschaften leiten das Gepäck gleich direkt weiter nach Ko Samui. Fragen Sie sicherheitshalber beim Einchecken nach. Selbst in der Hochsaison bieten renommierte Airlines Rückflugtickets nach Bangkok für ca. 1000 Euro an. Billigflieger sind deutlich günstiger. *Air Berlin (www.airberlin.com)* bietet seit 2009 in Codesharing mit *Bangkok Airways* Flüge nach Ko Samui von Berlin, Düsseldorf, München .Preiswerte Flüge finden Sie im Internet z. B. unter *www.fliegen.de, www. billiger-fliegen.de, www.billigflug.de*. Da v. a. zum Jahreswechsel freie Plätze knapp sind, sollten Sie so früh wie möglich buchen. In Bangkok verkauft jedes Reisebüro kombinierte Tickets nach Ko Samui/Ko Phangan. Sie können mit Zug oder Bus und Fähre anreisen. Der Trip dauert ca. 12 Stunden und führt entweder bis zum Fährhafen von Chumphon (Fähren via Ko Tao) oder nach Surat Thani. Kosten: je nach Komfort und Tempo zwischen 30 und 50 Euro.

PRAKTISCHE HINWEISE

■ AUSKUNFT

THAILÄNDISCHES FREMDENVERKEHRS-AMT

– Bethmannstr. 58 | 60311 Frankfurt | Tel. 069/138 13 90 | Fax 13 81 39 50 |
www.thailandtourismus.de

Das staatliche thailändische Fremdenverkehrsamt in Frankfurt ist u. a. auch für Österreich und die Schweiz zuständig.

TOURISM AUTHORITY OF THAILAND (TAT)

Das Büro der Tourism Authority of Thailand finden Sie im Inselhauptort Nathon *(Seitengasse am nördlichen Ende der Chonvitee Road, schräg hinter dem Postamt | Tel. 077 42 05 04 | tatsurat@tat.or.th).*

■ BANKEN & KREDITKARTEN

Alle Banken auf Ko Samui wechseln Reiseschecks in Dollar, Euro und Franken *(Mo–Fr 8.30–15.30 Uhr, Wechselschalter tgl., oft bis 22 Uhr).* Kreditkarten akzeptieren viele Geschäfte nur gegen einen (nicht korrekten!) Aufschlag. Mit Kreditkarten können Sie auch Bargeld bekommen (Sie benötigen dafür den Reisepass!). Einfacher ist das Abheben an den weit verbreiteten Geldautomaten (ATM). Die Visa-Karte wird von allen großen Banken akzeptiert. Auch Mastercard/ Eurocard ist weit verbreitet, American Express Card wird nur in Filialen der Bangkok Bank akzeptiert. Bei Bargeldabhebungen verlangen alle thailändischen Banken seit 2009 150 Baht Gebühr. Am günstigsten ist eine Karte, mit der Sie vor der Reise ein verzinsbares Guthaben anlegen können. Bei Verlust die Karte nicht in Thailand, sondern sofort im Heimatland sperren lassen. Sie sollten also die deutsche Telefonnummer Ihres Kartenanbieters dabeihaben.

WÄHRUNGSRECHNER

€	THB	THB	€
1	41,90	10	0,23
3	125,70	50	1,19
5	209,50	90	2,15
25	1047,00	150	2,70
50	2095,00	500	12,00
100	4190,00	800	20,00
130	5547,00	5000	123,00
350	14664,00	12000	295,00
500	20950,00	20000	492,00

■ CAMPING

Ausgewiesene Campingplätze gibt es weder auf Ko Samui noch auf Ko Phangan. Zelten ist zwar nicht ausdrücklich verboten, aber schon aus Sicherheitsgründen sollten Sie lieber davon absehen, irgendwo im Gelände ein Zelt aufzuschlagen.

■ DIPLOMATISCHE VERTRETUNGEN

DEUTSCHE BOTSCHAFT
9, Sathorn Tai Road, Bangkok 10120 | Tel. 022 87 90 00 | Fax 022 87 17 76 |

Mo–Fr 8.30–11.30 Uhr | www.bang kok.diplo.de

ÖSTERREICHISCHE BOTSCHAFT
14 Soi Nandha, Sathorn Tai Road, Bangkok 10120 | Tel. 023 03 60 57 | Fax 022 30 62 60 | Mo–Fr 9–12 Uhr | Link unter *www.bmaa.gv.at*

SCHWEIZER BOTSCHAFT
35, North Wireless Road, Bangkok 10330 | Tel. 022 53 01 56 | Fax 022 55 44 81 | Mo–Fr 9–11.30 Uhr | www.eda.admin.ch/bangkok

> WAS KOSTET WIE VIEL?

> KAFFEE	**1 EURO**	für eine Tasse
> T-SHIRT	**3 EURO**	beim fliegenden Händler auf dem Markt
> BIER	**1,50 EURO**	für 0,3 l im Lokal
> SUPPE	**70 CENT**	für eine Nudelsuppe in der Garküche
> BENZIN	**1 EURO**	für einen Liter Super
> ANANAS	**30 CENT**	für eine ganze Frucht

■ EINREISE ■

Aufenthalt ohne Visum bis zu 30 Tagen. Der Reisepass muss mindestens noch sechs Monate gültig sein. Wer länger bleiben will, braucht ein *Touristvisum*, das 30 Euro kostet und 60 Tage gültig ist. Wer auf Geschäftsreise ist, Rentner oder mit einem thailändischen Staatsangehörigen

verheiratet ist, bekommt auch ein Non-Immigrant-Visum für 50 Euro und 90 Tage Aufenthalt. Antragsformulare für Visa finden Sie auf den Webseiten der thailändischen Botschaften. Bei der Einwanderungsbehörde können Sie ein Touristenvisum für 1900 Baht (ca. 34 Euro) um 30 Tage verlängern lassen. Auf Ko Samui liegt das Immigrationsbüro 2 km südlich von Nathon rechts an der Abzweigung der Straße 4172 von der Ringstraße *(Mo–Fr 8.30–12, 13 bis 16 Uhr | Kopien vom Pass, vom Visum und zwei Fotos mitbringen)*. Wer seinen Aufenthalt um mehr als einen Tag überzieht, muss pro Tag 500 Baht Strafe zahlen.

VERTRETUNGEN THAILANDS FÜR DIE VISABESCHAFFUNG
Königlich-Thailändische Botschaft | Lepsiusstr. 64–66 | 12163 Berlin | Tel. 030/79 48 10 | Fax 79 48 15 11 | www.thaiembassy.de
    Königlich-Thailändische Botschaft | Cottagegasse 48 | 1180 Wien | Tel. 01/47 83 33 50 | Fax 478 29 07 | www.thaiembassy.at
    Königlich-Thailändische Botschaft | Kirchstr. 56 | 3097 Bern-Liebefell | Tel. 031/970 30 30 | Fax 970 30 35 | www.thaiembassy.org/bern

■ FÄHREN ■

Zwischen Festland (Chumphon, Donsak, Surat Thani) und den Inseln (Samui, Phangan, Ko Tao) pendeln regelmäßig Fähren. Die großen Autofähren *(Raja Ferry, Seatran Ferry)* nehmen auch Passagiere mit und legen in Donsak (40 km von Surat Thani) nach Samui (ca. 2 Std.) und auch nonstop nach Phangan ab.

PRAKTISCHE HINWEISE

Schneller sind die klimatisierten High-Speed-Ferrys von *Lomprayah (www.lomprayah.com) Seatran Discovery (www.seatrandiscovery)* und *Songserm (www.songserm-express-boat.com)*. Der Lompraya-Catamaran schafft den Trip von Samui (ab Pier am Mae Nam Beach) nach Phangan (Thong Sala) in 20 Min. (250 Baht). Songserm fährt ab Nathon, Seatran ab Big Buddha Beach. Dort legt auch die *Haad Rin Queen* vier mal täglich direkt zum Hat Rin ab. Tickets an den Piers und in Reisebüros.

■ FOTOGRAFIEREN ■

Bevor Sie Menschen fotografieren, sollten Sie mit einem Lächeln um Erlaubnis fragen. Das gilt insbesondere, wenn Sie muslimische Thais fotografieren wollen.

Farb- oder Diafilme werden kaum mehr angeboten. Einige Fotogeschäfte drucken Fotos aus, die auf dem Chip Ihrer Kamera gespeichert sind.

■ GESUNDHEIT ■

Besondere Impfungen sind nicht vorgeschrieben. Beide Inseln gelten als frei von Malaria. Leitungswasser können Sie zum Zähneputzen verwenden, sollten es aber vorsichtshalber nicht trinken. Die Warnung, keinen Salat und kein Eis zu essen, ist erfahrungsgemäß übertrieben. Der hygienische Standard bei der Zubereitung von Speisen ist gerade in den Touristenzentren im Allgemeinen gut, wobei ein gelegentliches Bauchgrimmen nie auszuschließen ist. Gesundheitstipps finden Sie im reisemedizinischen Informationsservice: *www.fit-for-travel.de*.

Das beste Krankenhaus auf Ko Samui ist das Bangkok Hospital Samui *(Tel. 077 42 95 00 | www.samuihospital.com)* an der Ringstraße in Chaweng. Es gehört zu der renommierten Bangkok-Hospital-Gruppe *(www.bangkokhospital.com)*, die Krankenhäuser im ganzen Land betreibt. Kleinere Kliniken sind das Bandon International Hospital *(Tel.*

Bunt verziert und samt Fahrer zu chartern: die öffentlichen Pick-ups

077 24 58 40 | www.bandonhospitalsamui.com) an der Ringstraße zwischen Bo Phut und Chaweng und das Samui International Hospital *(Tel. 077 42 22 72 | www.sih.co.th)* an der nördlichen Beach Rd. in Chaweng. Alle Krankenhäuser bieten einen 24-Stunden-Notfalldienst. Generell werden in thailändischen Krankenhäusern Patienten auch ambulant behandelt. Die Hospitäler regeln die Kostenübernahme mit Ihrer heimischen Krankenversicherung. Ihre Versicherungskarte und auch eine Kopie Ihrer Versicherungspolice sollten Sie aber dabeihaben. Falls Ihre Versicherungsgesellschaft die Kostenübernahme nicht gleich garantiert, müssen Sie die Rechnung erst einmal selbst bezahlen. Falls Ihre Krankenversicherung überhaupt keinen weltweiten Schutz abdeckt, empfiehlt sich eine Auslandskrankenversicherung. Auf Ko Phangan gibt es am Hat Rin drei Sanitätsstationen des *Bandon International Hospital (Bandon Inter Clinic 1, 2, 3 | Tel. 077375471)* und eine Klinik des *Bangkok Hospital* in Ban Tai *(Phangan Medical Center | Tel. 077 23 95 99)*.

■ INTERNET ■

Infos im Netz gibt es auf einer Fülle von Webseiten (von denen einige aber schneller verschwinden, als sie online sind). Auf den allermeisten können Sie auch Hotels buchen. Samui-Spezialisten sind etwa *www.kosamui.de*, *www.kosamui.com*, *www.kohsamui.com*, *www.kohsamui.org*, *www.samui wave.com*. Hotels mit einem Herz für Strandhunde listet *www.hotel-kosa*

mui.com auf. Fast alles über Phangan auf *www.phangan.info* und *www.koh phangan.com*. Die neuesten Nachrichten und Blogs auf *www.kohphan gannews.com*.Der Zimmerpreis auf hoteleigenen Webseiten ist nicht unbedingt der günstigste. Ein Vergleich kann sich lohnen. Spezialisierte Anbieter sind z. B. *www.asiarooms.com* und *www.german.hotelthailand.com*. Last-Minute-Schnäppchen auf *www.latestays.com*. Detaillierte Resortbeschreibungen von billigen Unterkünften auf *www.travelfish.org*.

■ INTERNETCAFÉS & WLAN ■

Internetcafés gibt es in allen Touristenzentren (Tarif meist 1 Baht pro Minute), ihre Zahl nimmt aber beständig ab, seit immer mehr Resorts und auch Lokale WLAN-Hotspots (englisch: WiFi, gesprochen „waifai") für Besucher mit Laptop und Notebook anbieten. Bei vielen ist dieser

WETTER AUF KO SAMUI

Jan.	Feb.	März	April	Mai	Juni	Juli	Aug.	Sept.	Okt.	Nov.	Dez.
29	30	31	31	32	32	32	32	31	30	30	29
Tagestemperaturen in °C											
24	25	25	26	26	25	25	24	25	24	23	24
Nachttemperaturen in °C											
9	9	9	8	8	6	5	5	5	6	8	9
Sonnenschein Std./Tag											
9	7	6	10	11	10	9	8	13	14	15	8
Niederschlag Tage/Monat											
26	27	27	28	28	28	28	28	28	27	27	27
Wassertemperaturen in °C											

heutzutage eigentlich selbstverständliche Service kostenlos oder sehr günstig. Aber einige Resorts zocken ihre Gäste für die Herausgabe des Passwortes auch kräftig ab. Falls Sie in Ihrem Urlaubsdomizil häufig online sein möchten, erkundigen Sie sich lieber vorher nach dem WLAN-Tarif.

■ KLIMA & REISEZEIT

In Thailand gelten die Monate November bis Februar als die „kühle Jahreszeit" mit Nachttemperaturen von knapp 20 Grad und Tageswerten von knapp über 30 Grad. Danach wird es bis Mai sehr heiß bis über 30 Grad, und auch nachts sinkt die Temperatur oft kaum unter 25 Grad. In der Regenzeit bis Oktober kühlt es wieder etwas ab, aber die hohe Luftfeuchtigkeit beansprucht dann den Kreislauf stark.

Die Inseln Ko Samui und Ko Phangan haben allerdings ein eigenes Mikroklima, das geprägt ist von den Ausläufern des Nordostmonsuns, der sich im europäischen Winter an der malaiischen Ostküste austobt und dessen Ausläufer auch noch im Golf von Siam zu spüren sind. Besonders im November und Dezember müssen Sie mit teilweise so heftigen Regenfällen und Stürmen rechnen, dass der Fährbetrieb zwischen den Inseln und dem Festland unterbrochen wird. Zwar herrscht um Weihnachten/Neujahr absolute Hochsaison (in vielen Resorts dann Preisaufschläge von zehn bis 20 Prozent), aber es ist um diese Zeit nicht ungewöhnlich, dass es auch mehrere Tage ohne Unterlass regnet. Die ideale Reisezeit beginnt im Februar. Von der landesweiten Monsunzeit, die meist zwischen August und Oktober ihren Höhepunkt erreicht, bleiben die Inseln im Golf dagegen weitgehend verschont. Es regnet zwar auch dort hin und wieder heftig, aber der Himmel bleibt nicht tagelang wolkenverhangen. Wer in der Nachsaison fährt, kann in den Resorts Rabatte bis zu 40 Prozent aushandeln. Wettervorhersagen auf den Seiten des staatlichen *Thai Meteorological Department (www.tmd. go.th/en)* oder auf *www.wetteronline. de/thailand.htm*.

■ MEDIEN

Die englischsprachigen Tageszeitungen „Bangkok Post" und „The Nation" informieren ausführlich über nationale und internationale Ereignisse. Über lokales Geschehen berichtet die Wochenzeitung Samui Express *(www.samuiexpress.com)*. Die Beiträge des lokalen Fernsehsenders Samui Channel *(www.samuichannel.tv)* können Sie in vielen Resorts empfangen. In den Touristenorten auf Ko Samui ist auch internationale Presse zu haben. Viele Hotels haben Satellitenfernsehen (CNN, CNBC, BBC, Deutsche Welle).

■ MEHRWERTSTEUER

Vor allem die besseren Restaurants und Hotels erheben auf den Preis eine Mehrwertsteuer *(VAT = Value Added Tax)* von 7 Prozent. Auf den Hotelpreislisten bzw. den Speisekarten ist die Steuer gesondert aufgeführt.

Die auf Einkäufe erhobene Mehrwertsteuer können Sie zurückfordern. Voraussetzung: Es sind Waren (keine Edelsteine!) im Wert von insgesamt mindestens 5000 Baht und pro Einkauf in einem Geschäft wurden jeweils mindestens 2000 Baht pro Tag ausgegeben. Und zwar in Shops, die das Zeichen *VAT Refund for Tourists* tragen und die entsprechende Formulare ausgefüllt haben (beim Einkauf Reisepass nicht vergessen!). Aber Achtung: Am Airport Ko Samui gibt es kein *VAT Refund Office*. Die Rückzahlung der Mehrwertsteuer (bis 30 000 Baht in bar an Ort und Stelle) müssen Sie im Bangkok-Flughafen Suvarnabhumi beantragen. *www.rd. go.th/vrt*

■ MIETWAGEN

In Thailand wird links gefahren. Auf den schmalen Straßen und Pisten ist größte Vorsicht erforderlich. Auf Ko Samui können Sie in Nathon, an den Stränden und in vielen Resorts Autos oder Motorräder (Helmpflicht) mieten (internationaler Führerschein). Auf Ko Phangan vermietet *Phangantravel (Tel. 077 23 82 38 | www.phan gantravel.com)* in Thong Sala und am Rin-Beach Jeeps, Motorräder und Mountainbikes. Achten Sie unbedingt auf umfassenden Versicherungsschutz. Ein Motorrad/Moped kostet pro Tag ca. 5 Euro, ein Jeep rund 30 Euro. Die großen Verleiher sind auf Ko Samui mit verschiedenen Stationen vertreten, z. B. am Airport: mit *Avis (Tel. 0847008161, 0847249530 | www.avisthailand.com)*, *Budget (Tel. 077 42 71 88 | www.budget.co.th)* und *Sixt (Tel. 08 35 04 44 59 | www.sixt.de/ mietwagen/thailand/koh-samui)*.

■ ÖFFENTLICHE VERKEHRSMITTEL

Auf Ko Samui fahren von frühmorgens bis etwa gegen 21 Uhr die *songtaeo* (Pick-ups) bestimmte Strecken zu Festpreisen. Vom Pier in Nathon zum Strand von Mae Nam kostet es 50 Baht, nach Chaweng 60 Baht, nach Lamai 70 Baht. An der dünn besiedelten Südküste kann es schon mal Stunden dauern, bis ein *songtaeo* vorbeikommt. Auch auf Ko Phangan sind tagsüber *songtaeo* zu Festpreisen unterwegs. Von der Haltestelle am Pier des Inselhauptortes Thong Sala nach Hat Rin oder zum Hat Yao (Long Beach) muss der Fahrgast 100 bzw. 150 Baht bezahlen.

■ POST

Luftpostbriefe nach Europa bis 10 g kosten 17 Baht, Postkarten 15 Baht (ca. 5–7 Tage). Luftpostpakete bis 10 kg kosten 4250 Baht.

■ PREISE & WÄHRUNG

Der thailändische *Baht* wird in 100 *Satang* unterteilt. Im Umlauf sind Scheine zu 20, 50, 100, 500 und 1000 Baht. Die kleinsten Münzen zu 25 und 50 Satang erhält man fast nur in Supermärkten. Gebräuchlich sind Münzen zu 1, 2, 5 und 10 Baht. Ein Schwarzmarkt existiert nicht. Wechseln Sie Ihr Geld erst in Thailand um (am Flughafen ungünstigerer Kurs).

Ein Reisgericht bekommen Sie in einfachen Lokalen schon für ca. 1,50 Euro. Ein Zwei-Gänge-Menü mit Nachtisch kostet selten mehr als 5 bis 6 Euro.

■ STROM

Die Netzspannung beträgt 220 Volt. Steckdosen für Rundstecker lösen die Dosen für Stecker mit flachen Polen immer mehr ab. Zwischenstecker bekommen Sie im Elektrohandel.

PRAKTISCHE HINWEISE

TELEFON & HANDY

Die Vorwahl nach Deutschland ist die 00149, nach Österreich die 00143, in die Schweiz die 00141, dann wählen Sie die Ortsnetzkennzahl ohne die Null. Vorwahl aus dem Ausland nach Thailand 0066, dann die örtliche Nummer ohne die Null. Wenn Sie innerhalb Thailands Festnetznummern anrufen wollen, müssen Sie auch bei Ortsgesprächen immer die Ortsnetzkennzahl mitwählen.

Telefonkarten für öffentliche Telefone gibt es in vielen Shops. Hotels erheben auf die offiziellen Tarife oft einen exorbitanten Zuschlag. Ihr Handy wählt sich automatisch in das Netz des thailändischen Partners Ihrer Mobilfunkgesellschaft ein. Am billigsten telefonieren Sie, wenn Sie die deutsche SIM-Karte rausnehmen und eine thailändische einlegen. Diese wiederaufladbaren Karten mit eigener Telefonnummer bekommen Sie in vielen Shops, z. B. bei 7-Eleven (Anruf nach Deutschland ca. 20 Baht/Min.). Und wenn Sie statt der Vorwahl 00149 die Handy-Billigvorwahlnummer 00949 oder 00849 eintippen, kostet der Anruf nur noch ca. 10 Baht. Kostenlos telefonieren Sie via Internet von Skype zu Skype. *(www.skype.com/intl/de)*.

Falls Sie ein günstiges Zweithandy für die thailändische SIM-Karte suchen, werden Sie in vielen Shops fündig. Ein brandneues Handy ohne Schnickschnack und Vertragsbindung kostet ca. 25 Euro. Gebrauchte Handys sind noch günstiger zu haben.

TOURISTENPOLIZEI

Speziell für Touristen zuständig ist die *Tourist Police*. Sie ist landesweit unter *Tel. 11 55* zu erreichen. Stationen auf Samui sind am Chaweng hinter McDonalds am Chaweng Lake und in Bo Phut an der Ringstraße nahe Big-C-Einkaufszentrum.

TRINKGELD

Trinkgeld ist in einfachen Lokalen oder gar an Essensständen (Garküchen) nicht üblich. Viele bessere Restaurants erheben von vornherein einen Bedienungszuschlag *(service charge)* von 10 Prozent.

ZEIT

Mitteleuropäische Zeit plus 6 Stunden (Sommerzeit plus 5 Stunden)

ZOLL

Devisen im Wert von über 10 000 US-Dollar müssen bei der Einreise nach Thailand deklariert werden. Gegenstände des persönlichen Bedarfs dürfen zollfrei eingeführt werden. Für die Ausfuhr von Buddhastatuen, Antiquitäten und Tierprodukten braucht man eine Genehmigung. Historisch wertvolle Buddhastatuen und viele Tierprodukte dürfen überhaupt nicht ausgeführt werden. Bei der Einreise nach Deutschland gilt für Flug- und Seereisende, die aus Nicht-EG-Ländern kommen, seit 2009 für Waren des persönlichen Bedarfs die von 175 auf 430 Euro erhöhte Freigrenze (Schweiz 300 Franken). Zollfreie Mengen in die EU (die Schweiz): 200 Zigaretten oder 50 Zigarren oder 250 g Tabak, 1 l Alkohol über und 2 l Alkohol unter 22 Prozent (Schweiz 15 Prozent), 50 g Parfüm oder 250 g Eau de Toilette. Nähere Angaben finden Sie unter *www.zoll.de*, *www.ezv.admin.ch*.

> DO YOU SPEAK ENGLISH?

„Sprichst du Englisch?" Dieser Sprachführer hilft Ihnen,
die wichtigsten Wörter und Sätze auf Englisch zu sagen

Aussprache

Zur Erleichterung sind alle Wörter mit einer einfachen Aussprache (in Klammern)
versehen. Folgende Zeichen sind Sonderzeichen:

| ə | nur angedeutetes „e" wie in bitte |
| θ | [s] gesprochen mit der Zungenspitze zwischen den Zähnen |

■ AUF EINEN BLICK

Ja./Nein.	Yes. [jäs]/No. [nəu]
Vielleicht.	Perhaps. [pə'häps]/Maybe. ['mäibih]
Bitte.	Please. [plihs]
Danke.	Thank you. ['θänkju]
Vielen Dank!	Thank you very much.
	['θänkju 'wäri 'matsch]
Entschuldigung!	I'm sorry! [aim 'sori]
Wie bitte?	Pardon? ['pahdn]
Ich verstehe Sie/dich nicht.	I don't understand.
	[ai dəunt andə'ständ]
Ich spreche nur wenig …	I only speak a bit of …
	[ai 'əunli spihk ə'bit əw]
Können Sie mir bitte helfen?	Can you help me, please?
	['kən ju 'hälp mi plihs]
Ich möchte …	I'd like … [aid'laik]
Haben Sie …?	Have you got …? ['həw ju got]
Wie viel kostet es?	How much is it? ['hau'matsch is it]
Wie viel Uhr ist es?	What time is it? [wot 'taim is it]

■ KENNENLERNEN

Guten Morgen!	Good morning! [gud 'mohning]
Guten Tag!	Good afternoon! [gud ahftə'nuhn]
Guten Abend!	Good evening! [gud 'ihwning]
Ich heiße …	My name is … [mai näims …]
Wie ist Ihr/dein Name?	What's your name? [wots joh 'näim]
Wie geht es Ihnen/dir?	How are you? [hau 'ah ju]
Danke. Und Ihnen/dir?	Fine thanks. And you?
	['fain θänks, ənd 'ju]
Es freut mich, Sie kennen zu lernen.	Pleased to meet you.
	['plihsd tə 'miht ju]
Auf Wiedersehen!	Goodbye!/Bye-bye! [gud'bai/bai'bai]

SPRACHFÜHRER ENGLISCH

◼ UNTERWEGS

AUSKUNFT

links/rechts — left [läft]/right [rait]

geradeaus — straight on [sträit 'on]

Bitte, wo ist …? — Excuse me, where's …, please? [iks'kjuhs 'mih 'weəs … plihs]

nah/weit — near [niə]/far [fah]

Wie weit ist das? — How far is it? ['hau 'fahr_is_it]

Ich möchte ein Auto mieten. — I'd like to hire a car. [aid'laik tə 'haiə ə 'kah]

Wo ist die nächste Tankstelle? — Where's the nearest petrol station? ['weəs θə 'niərist 'pätrəlstäischn]

PANNE

Ich habe eine Panne. — My car's broken down. [mai 'kahs 'brəukn 'daun]

Der Wagen springt nicht an. — The car won't start. [θə 'kah wəunt start]

Können Sie mal nachschauen? — Could you have a look? ['kud_ju 'häw_ə'luk]

Gibt es hier in der Nähe eine Werkstatt? — Is there a garage nearby? ['is θeə_ə 'gärahdsch 'niərbai]

UNFALL

Hilfe! — Help! [hälp]

Rufen Sie bitte einen Krankenwagen. — Please call an ambulance. ['plihs 'kohl ən 'ämbjuləns]

Haben Sie Verbandzeug? — Have you got a first-aid kit? [həw ju got ə 'föhst'äid kit]

Geben Sie mir bitte Ihren Namen und Ihre Anschrift. — Please give me your name and address! [plihs giw mi joh 'näim ənd ə'dräs]

◼ ESSEN

Wo gibt es hier … — Is there … here? ['is θeər … 'hiə]

  … ein gutes Restaurant? — … a good restaurant [ə 'gud 'rästərohng]

  … ein typisches Restaurant? — … a restaurant with local specialities [ə 'rästərohng wiθ 'ləukl ‚späschi'älitis]

Was können Sie mir empfehlen?	What can you recommend? ['wot kən_ju räkə'mänd]
Auf Ihr Wohl!	Cheers! [tschiəs]
Bezahlen, bitte.	Could I have the bill, please? ['kud ai häw θə 'bil plihs]

■ EINKAUFEN

Wo finde ich …?	Where can I find …? ['weə 'kən_ai 'faind …]
Apotheke	chemist's [kämists]
Fotoartikel	photographic materials [,fəutə'gräfik mə'tiəriəls]
Markt	market ['mahkit]

■ ÜBERNACHTUNG

Können Sie mir bitte ein Hotel empfehlen?	Can you recommend a hotel, please? ['kən_ju räkə'mänd ə həu'täl plihs]
Ich habe bei Ihnen ein Zimmer reserviert.	I've reserved a room. [aiw ri'söhwd_ə 'ruhm]
Haben Sie noch …	Have you got … [həw ju got]
… ein Doppelzimmer?	… a double room [ə 'dabl ruhm]

> **THAI**

Für alle Fälle: das Wichtigste in der Landessprache

Kursives (männliche Form) ist bei Bedarf entsprechend durch [...] (weibliche Form) zu ersetzen

Ja./Nein.	*kap [ka]*, tschai/mai tschai	ครับ(ค่ะ) ใช่/ไม่ใช่
Bitte./Danke.	koo … noi/kop khun *kap [ka]*	ขอ...หน่อย/ขอบคุณครับ(ค่ะ)
Entschuldigung!	koo thoot	ขอโทษ !
Guten Tag!/Guten Abend!	sawadii *kap[ka]*	สวัสดีครับ(ค่ะ)
Auf Wiedersehen!	sawadii	สวัสดี !
Ich heiße …	tschan dschu …	ฉันชื่อ …
Ich komme aus …	tschan ma dschag …	ฉันมาจาก ……
… Deutschland.	… pratet Jeraman	ประเทศเยอรมัน
… Österreich./Schweiz.	… pratet Austria/Switzerland	ประเทศออสเตรีย/ประเทศสวิส
Ich verstehe Sie nicht.	tschan mai kautschai khun	ฉันไม่เข้าใจคุณ
Wie viel kostet es?	ni laka taulai	นี่ราคาเท่าไร ?
Bitte, wo ist …?	koo toot *kap [ka]* … juu thi nai	ขอโทษครับ(ค่ะ) … อยู่ที่ไหน ?

1	nüng	หนึ่ง	5	haa	ห้า	9	gau	เก้า
2	soong	สอง	6	hok	หก	10	sip	สิบ
3	saam	สาม	7	dschet	เจ็ด	20	jii sip	ยี่สิบ
4	sii	สี่	8	bäät	แปด	100	nüng loi	หนึ่งร้อย

… mit Dusche/Bad?

… with a shower/bath?
[wiθ ə 'schauə/'bahθ]

… für eine Nacht?

… for one night? [fə wan 'nait]

Kann ich das Zimmer ansehen?

Can I see the room?
[kən̩ai 'sih θə 'ruhm]

Was kostet das Zimmer mit Frühstück?

How much is the room with breakfast?
['hau 'matsch is θə ruhm wiθ 'bräkfəst]

▪ PRAKTISCHE INFORMATIONEN ▪

Können Sie mir einen guten Arzt empfehlen?

Can you recommend a good doctor?
[kən ju ˌräkə'mänd ə gud 'doktə]

Ich habe hier Schmerzen.

I've got pain here. [aiw got päin 'hiə]

Wo ist hier bitte …

Where's the nearest …
[weəs θə 'niərist]

… eine Bank?

… bank? [bänk]

… eine Wechselstube?

… exchange office?
[iks'tschäinsch̩ofis]

Ich möchte … Euro (Schweizer Franken) wechseln.

I'd like to change … Euro (Swiss francs). [aid laik tə tschäinsch … 'juhro ('swiss 'fränks)]

Was kostet ein Brief/eine Postkarte nach Deutschland?

How much is a letter/postcard to Germany? ['hau 'matsch is ə 'lätə/ 'pəustkahd tə 'dschöhməni]

Briefmarke

stamp [stämp]

▪ ZAHLEN ▪

0	zero, nought [siərəu, noht]	18	eighteen [ˌäi'tihn]
1	one [wan]	19	nineteen [ˌnain'tihn]
2	two [tuh]	20	twenty ['twänti]
3	three [θrih]	21	twenty-one [ˌtwänti'wan]
4	four [foh]	30	thirty ['θöhti]
5	five [faiw]	40	forty ['fohti]
6	six [siks]	50	fifty ['fifti]
7	seven ['säwn]	60	sixty ['siksti]
8	eight [äit]	70	seventy ['säwnti]
9	nine [nain]	80	eighty ['äiti]
10	ten [tän]	90	ninety ['nainti]
11	eleven [i'läwn]	100	a (one) hundred ['ə (wan) 'handrəd]
12	twelve [twälw]	1000	a (one) thousand ['ə (wan) 'θausənd]
13	thirteen [θöh'tihn]	1/2	a half [ə 'hahf]
14	fourteen [ˌfoh'tihn]	1/4	a (one) quarter ['ə (wan) 'kwohtə]
15	fifteen [ˌfif'tihn]		
16	sixteen [ˌsiks'tihn]		
17	seventeen [ˌsäwn'tihn]		

Lamai Beach

Die Seiteneinteilung für den Reiseatlas finden Sie auf dem hinteren Umschlag dieses Reiseführers

REISE ATLAS

Ao Ban

Ao Thong Phlu

Bang Po Beach

Laem Noi

Km 44

Chariya Bungalows

Health Oasis Resort

Water Spor

Laem Na Hin Daeng

Nang Phong Tam Sao

Km 43

Ban Bang Po

Km 45

Ao Ka Ki

Ban Thong Phlu

Km 46

4169

Laem Yai

43

137

322

Ao Laem Yai

Med Sai Bungalows

Km 47

Khlong Bang Klang

Chalet

Bird Garden

Km 48

Garden Home

Ao Bang Makham

Ban Bang Makham

Buffalo Fighting Stadium

Km 49

Ban T

Wat Si Tawip

Chai Thong House

Km 50

Damrong Town Hotel

Chao Koh

Seaview Guest House

NATHON

Chinese Temple

Palace Hotel

Market

1

Win Hotel

Wat Chaeng

Jinta Bungalow

Km 1

Ban Phru Kam

Seaview Hotel

G u l f   o f

4169

Ban Na Thon

Khlong Li Pa Yai

T h a i l a n d

Samui Hospital

Km 2

417

Laem Din

Ba

Km 3

Ban Laem Din

Sawai Home Bungalow

The Siam Residence

Santi Bay
(Ao Laem Din)

Ban Thang Soi

Lipa Lodge

Km 1

1 km

4174

Rajchapruek Samui Resort

Lipa Lovely Resort

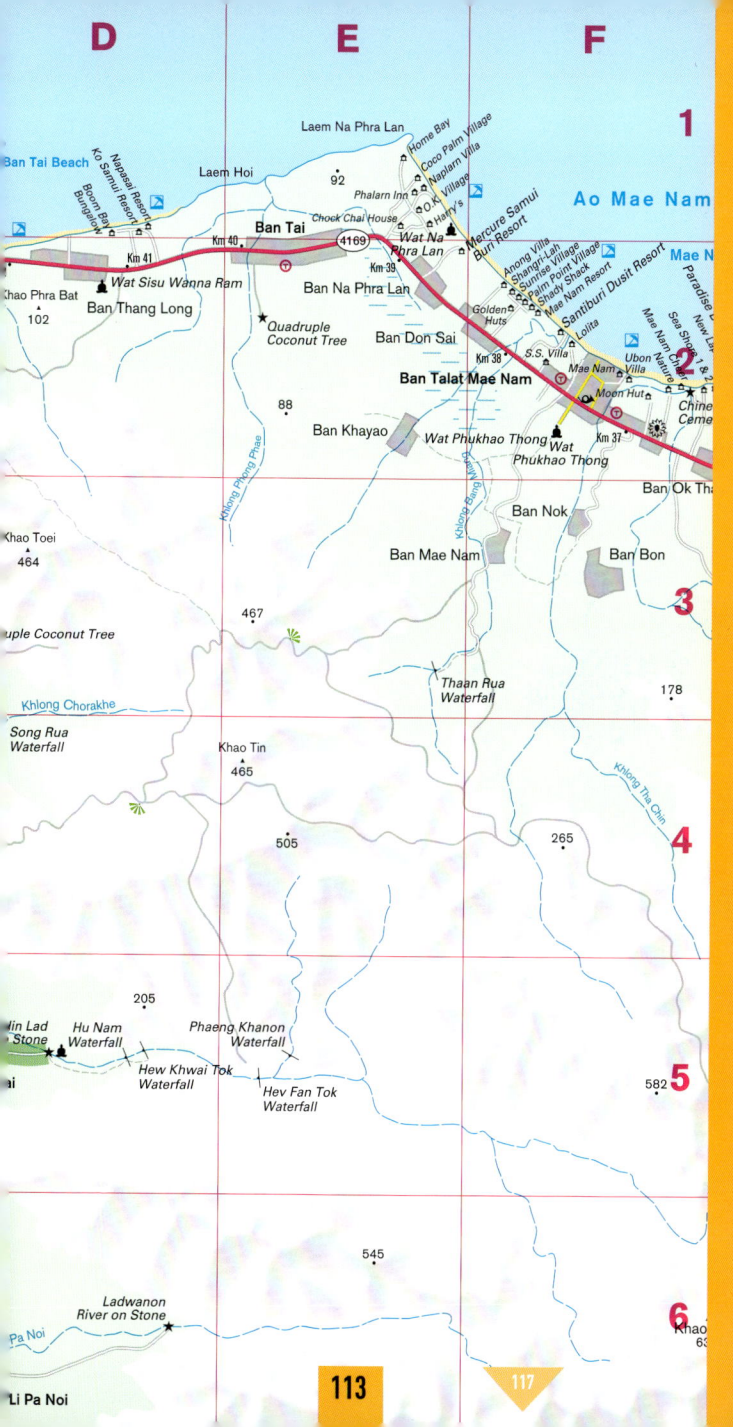

D **E** **F**

1

Ban Tai Beach

Laem Na Phra Lan

Home Bay
Coco Palm Village
Naplarn Villa
Village

Ao Mae Nam

Laem Hoi

92

Phalarn Inn

O.K.

Harry's

Mercure Samui
Buri Resort

Ban Tai

Km 40

Chock Chai House

4169

Wat Na
Phra Lan

Km 41

Wat Sisu Wanna Ram

Km 39

Anong Villa
Shangri-Lah
Sunrise Village
Palm Point Village
Shady Shack
Mae Nam Resort

Santiburi Dusit Resort

Paradise Beach

New Lap

Mae N

2

Khao Phra Bat
102

Ban Thang Long

Ban Na Phra Lan

Ban Don Sai

Golden
Huts

Km 38

S.S. Villa

Lolita

Mae Nam Natural

Ubon
Villa

Chine
Ceme

Quadruple
Coconut Tree

Ban Talat Mae Nam

Moen Hut

Ban Khayao

88

Wat Phukhao Thong

Wat
Phukhao Thong

Km 37

Ban Ok Tha

Khao Toei
464

Ban Nok

Ban Mae Nam

Ban Bon

Khlong Pheng Phae

Khlong Bang

3

ruple Coconut Tree

467

Thaan Rua
Waterfall

178

Khlong Chorakhe

Song Rua
Waterfall

Khao Tin
465

Khlong Tha Chin

505

265

4

205

Hu Nam
Waterfall

Phaeng Khanon
Waterfall

Waterfall

582

5

in Lad
Stone

Hew Khwai Tok
Waterfall

Hev Fan Tok
Waterfall

545

Ladwanon
River on Stone

Pa Noi

Khao
63

6

Li Pa Noi

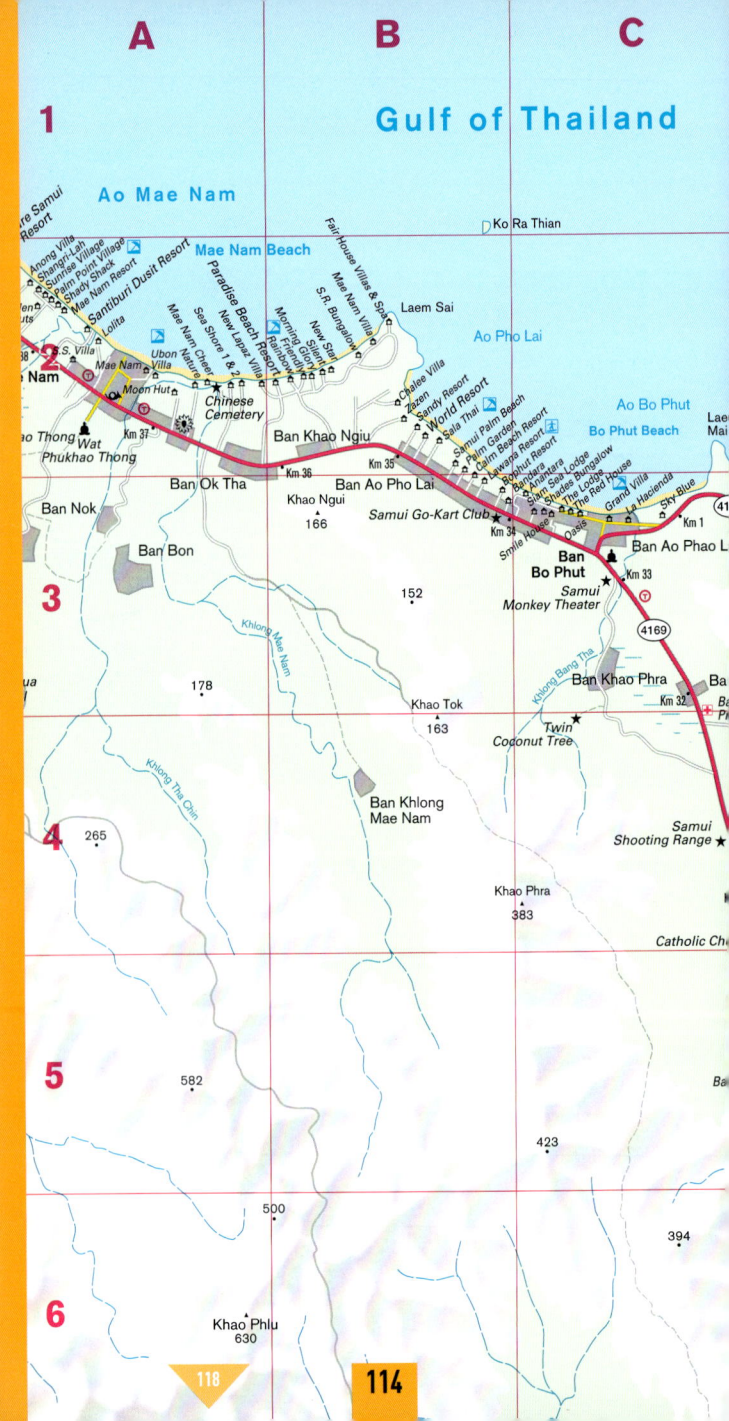

Gulf of Thailand

Ao Mae Nam

Ko Ra Thian

Mae Nam Beach

Fair House Villas & Spa

Anong Villa
Shangri Lah
Sunrise Village
Palm Point Village
Shady Shack
Mae Nam Resort

Santiburi Dusit Resort

Paradise Beach Resort

Laem Sai

Ao Pho Lai

S. R. Bungalow
Mae Nam Villas
New Star
Silent
Morning Glory
Friendly
Rainbow

New Lapa Villas
Sea Shore 1 & 2

Ao Bo Phut

Chalee Villa
Zazen
Sandy Resort
World Resort
Sala Thai
Samui Palm Beach
Palm Garden
Calm Beach Resort
Peace Resort
Bophut Resort
Anantara
Siam Sea Lodge
Shades Bungalow
Oasis
The Red House

Bo Phut Beach

Lae
Mai

S. Villa
Ubon
Villa
Lolita
Mae Nam Natural
Moon Hut

Ban Khao Ngiu

Chinese Cemetery

Grand Villa
La Hacienda
Sky Blue

Nam

ao Thong
Wat Phukhao Thong
Km 37

Km 36

Ban Ok Tha

Km 35

Ban Ao Pho Lai

Ban Nok

Khao Ngui
166

Samui Go-Kart Club ★
Km 34

Smile House
Km 1

(41)

Ban Ao Phao L

Ban Bon

152

**Ban
Bo Phut**

Km 33

Samui Monkey Theater

(4169)

178

Khlong Mae Nam

Khlong Bang Tha

Ban Khao Phra

Ba
Pr

Km 32

Khao Tok
163

Twin Coconut Tree ★

4
265

Ban Khlong Mae Nam

Samui Shooting Range ★

Khao Phra
383

Catholic Ch

Khlong Tha Chin

5
582

Ba

423

500

394

6

Khao Phlu
630

118

D **E** **F**

Lum Mu Noi
Ko Som   Laem Samrong
Silva Evason
Ao Samrong
Coco Medai
Laem Thong Son
Thong Son Bay (Ao Thong Son)
Laem Thong Po

1

Ao Plai Laem
Ao Thong Po

Ao Choeng Mon

The Tongsai Bay
Choeng Mon Beach

98
O Soleil
Thara Resort
The White House
Choengnon Beach Hotel
Ko Fan Noi
Ko Fan Yai

Bang Plai Naem
Island View

Big Buddha
1
Ko Fan
Ban Plai Laem
Laem Fan
Wat Nuan Na Ram
Km 9
Imperial Boat House
Samui Fishing Park
Samui Football Golf
Laem Kathong
Ao Phung
Km 8

Bang Rak
ng Rak Beach
(ig Buddha Beach)
The Oriental Samui Resort
Farm Bay Resort
Nara Garden
Samui Highland
Ocean View Resort
Sunset Lodge
Km 11
Km 10
Ko Phung
92
Laem Phung
Ao Thong Rang

2

Ban Bang Rak
4171
Km 3
Khao Duang Nok
218
Samui Crocodile Farm
Km 7
Laem Hin Ngo
Km 6

3

Samui International Airport
Khao Ket
I.K.K. Bungalows
Coral Bay Resort
Ao Yai Noi

Ban Chai Thale
65
Km 5
Ban Laem Son
Laem Son

Fighting Stadium
Wat Khao Hua Chuk
Km 1
Mercure Resort
90
Wat Pangbua
Km 2
Samui International Resort
Amari Palm Reef Resort
Chaweng Beach Resort
Chaweng Villa Resort
Moon Bungalow
Marine Bungalow
Blue Lagoon
Youth Hostel
Ban Laem Son
Chaba Chabana
Chaba Buri
The Erra
Lazy Wave Resort
Venus Resort
Tango Beach Resort
Coral Maltese
Muang Kulaypan Hotel
Samui Blue Lagoon
Samui Natien
43
Ko Mat Lang

4

Chaweng Lagoon
uffalo Fighting
Chaweng
Baan Chaweng
Ever Green Resort
Best Beach Bungalow
Malibu Resort
King's Bungalow
Coconut
Montien
The Island
First Bungalow
Matlang Resort
Ko Na Thian
Chaweng Yai Beach

Chaweng
Long Beach
Montien
Marine
Chaweng Regent
Martin
Samui Natien
Arabian
Coconut Grove
Chaba Samui
Samui Garden Beach
Chaweng Villa
Ko
Na Thian
Ao Chaweng Yai

Renu Guest House
The Princess Village
Km 2
King's
Chaweng Buri Resort
Chaba Samui Resort
The Library
Beachcomber Hotel
Anchor House Resort
Chaweng Royal Beach
Chaweng Coral Resort

5

Km 28
Samui Resort
otel
Parrot
Chaweng
Chaweng Cabana
Poppies Samui Resort
Tradewinds Resort
Centara Grand
Arabian Beach
Public Beach
Chaweng Beach
Ao Chaweng

ay Inn
ucky's Home
Lagoon Beach Resort
Laguna Beach Resort
Samui Paradise Chaweng
Samui Buri

Ko Fan
The Fair House
entral Samui Heart
Laem Ko Fan
New Star Bungalow
The Imperial Samui
Ao Chaweng Noi

Km 27
4169
Chaweng Noi Beach
Santa Lucia Resort
The Victorian Resort Chaweng Noi
Pongpetch Guestotel
Bird's Eye
Km 26
1
1 km

6

Samui Bay View Villa

A 112

B
The Siam Residence

Santi Bay
(Ao Laem Din)
Lipa Lodge
Rajchapruek Samui Resort
Lipa Lovely Resort

Laem Chon Khram

Ko Samui
Naval Base   Km 3

Infoo Palace
Ar An Resort
Samui Ferry Inn

Ban Thong Yang

Laem Yai Krai
Coco Cabana Beach Club
Nasai Garden

Ao Na Sai

C
Ban Thang Soi
Km 1   4174

Wat Ko Samui

Km 2
Ban Chon Khram

Ban Don K

Ban Thung

Wat Nara
Charoen Suk

Ban Klang

Khlong Luk

Ban Na Sai

77
Ban Khok Kruat

Gulf of

Laem Ling Lot
Am Samui Resort
Ban Chai Thale
Västervik

Thailand

Elephant Gate

Baan Taling Ngam Resort
Ban Thu

Nong Nam
Khlong Tha Chot

Wat Kiri Wongkaram
Km 3

Ban Tali

Ban Chai Chai

Ao Taling Ngam

Taling Ngam Beach

Km 4

4170

Khao Chai Chai
201

Km 5

4

Ko Thalu

Ko Din

Wild Life Park

Ao Phang Ka
Pearl Bay
Seagull Bungalow

Ban Phang Ka
Km 6
Sn

Laem Phang Ka
Gem's House

Emerald Cove
Bungalows

5

Ko Malaeng Pong

Khao Tok
135

Wat Khin Mat

Ban Thong Tanot

Jinta Villa

Coconut Villa

Laem Hin Khom

Ao Hin Lat

6   1 km

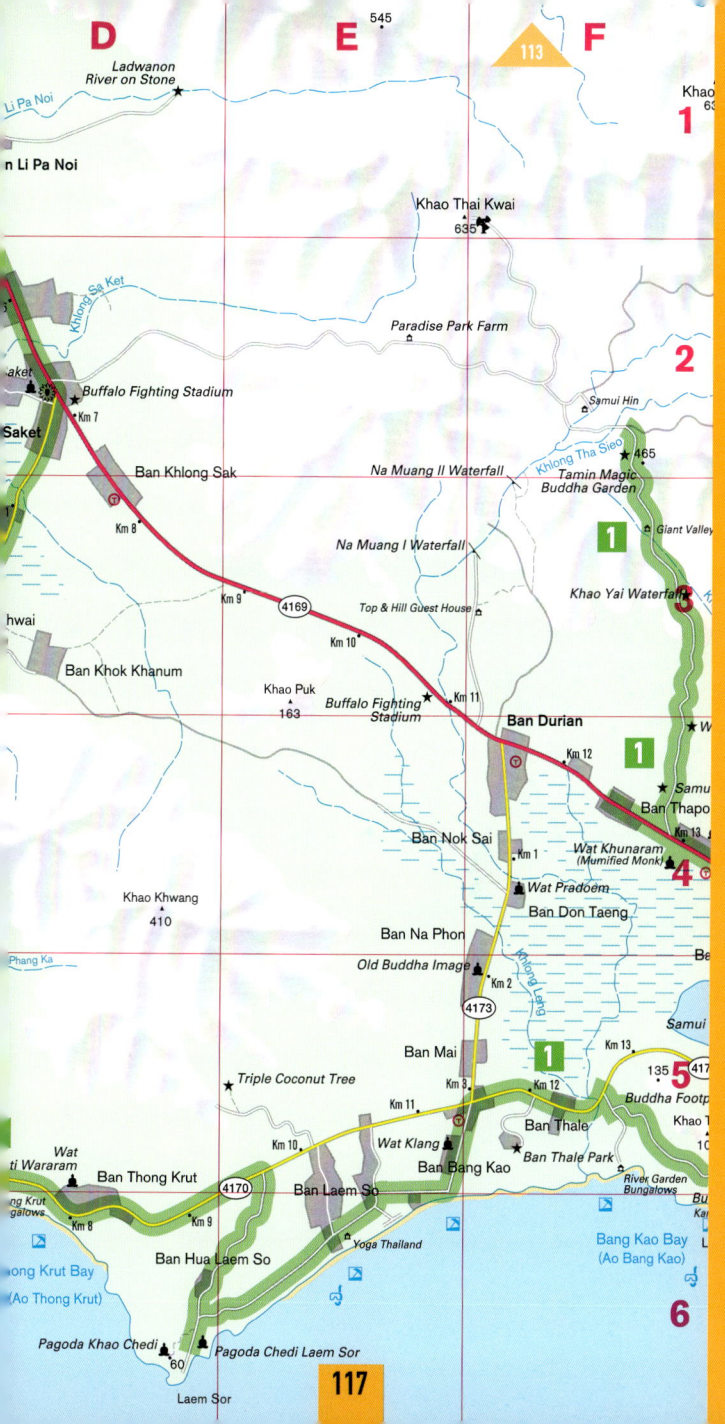

D E F

Khao
65

Ladwanon
River on Stone
Li Pa Noi

n Li Pa Noi

1

Khao Thai Kwai
635

Khlong Sa Ket

Paradise Park Farm

2

Samui Hin

aket

Saket

Buffalo Fighting Stadium
Km 7

Khlong Tha Sieo

Tamin Magic
Buddha Garden

465

Ban Khlong Sak

Na Muang II Waterfall

Giant Valley

Na Muang I Waterfall

Khao Yai Waterfall

hwai

Km 9

4169

Top & Hill Guest House

Km 10

3

Ban Khok Khanum

Ban Durian

Km 11

Khao Puk
163

Buffalo Fighting
Stadium

Km 12

W

1

Samui

Ban Thapo

Km 13

4

Ban Nok Sai

Km 1

Wat Khunaram
(Mumified Monk)

Khao Khwang
410

Wat Pradoem

Ban Don Taeng

Ban Na Phon

Phang Ka

Old Buddha Image

Km 2

Khlong Leng

Samui

4173

Ban Mai

Km 13

1

135

5

4171

Triple Coconut Tree

Km 3

Km 12

Buddha Footp

Km 11

Khao T
10

Wat
ti Wararam

Km 10

Wat Klang

Ban Thale

Ban Thong Krut

4170

Ban Bang Kao

Ban Thale Park

Ban Laem So

River Garden
Bungalows

ong Krut Bay
galows

Km 8

Km 9

Bu

Bang Kao Bay
(Ao Bang Kao)

Ban Hua Laem So

Yoga Thailand

ong Krut Bay
(Ao Thong Krut)

6

Pagoda Khao Chedi
60

Pagoda Chedi Laem Sor

Laem Sor

117

A 114

B

C

394

Khao Phlu
630

wai

195

Khlong Tha Lamai

2

573

Samui Hin

Ban Lamai

Khlong Tha Sieo 465

Lama
Cultural Hal

Tamin Magic
Buddha Garden

Ban Thung

565

498

Market

1

Giant Valley Restaurant

Muang Thai Clinic
Km 19

3

Khao Yai Waterfall

Khlong Tha Ret

Doi Tai Views

4169

Khlong Bang Nam Chut

Varinda Resort

11 12

Green Century

Lamai
95 Beach
Km 18

Ban Durian

Wang Sao Waterfall

Overlap Stone

Floral
House

1

Km 12

White Elephant
Resort

Pine Bungalow

Km 17

Samui Park Resort

No Bungalow
Bill Vista
Beautiful House
Swiss Chalet Resort

Samui ATV Park

Si La Ngu Pagoda

Hinta Hil
(Grandmo

Ban Thapo

Wat Samret

Samui Animal Theatre

Rocky Resort

Grand !

4

Wat Khunaram
(Mumified Monk)

Km 13

Buffalo Fighting
Stadium

Ban Hua Thanon

Sunrise

Km 1

Km 16

Coral Buddha Image

Natta Guest House

Wat Pradoem

Km 14

Km 15

Market

Ao Bang Nam C

Ban Don Taeng

Ban Phang Hin

Ban Ok

Ban Na Khai

Ban Khao Noi

Wat Samret
(Secret Coral Buddha
Image Hall)

Km 16

Khlong Leng

Km 2

Ban Na Khut

Na Khai Bay

Samui Stadium

Ban Han

Hi-He's Resort

Km 13

Km 15

135

4170

Samui
Aquarium

5 Km 12

Km 14

Buddha Footprint

Khao Puk
63

Samui Orchid Resort

Ban Thale

Khao Tha Le
102

Ban Thale Park

Laem Na Thian

Kao

River Garden
Bungalows

Ko Na Thian

Samui
Butterfly Garden

Centara

Kamalaya

Bang Kao Bay
(Ao Bang Kao)

Laem Set

Sasha Casavela

1

6

Km 27
New Star Bungalow
The Imperial Samui
119

Ao Chaweng Noi

Chaweng Noi Beach

E

115

F

Santa Lucia Resort
The Victorian Resort
Chaweng Noi
Pongpetch Guesthotel
Bird's Eye

Km 26

1

Samui Bay View Villa

Ban Chaweng Noi

Ngaen

Coral Cove Beach

Mountain Coral Resort
Km 25
Coral Cove Resort
Coral Cove Chalet

Hi Coral Cove
Laem Ma Ngaen
Beverly Hills Resort

Km 24

Khlong Ao Chaweng

332

268

2

Thong Takhian Bay
(Ao Thong Ta Khian)

Golden Cliff Resort
The Little Mermaid
Crystal Bay
Samui Silver Beach Resort
Km 23
Samui Yacht Club

Laem Thong Yang

Tamarind Hill
Retreat
Flower Paradise

Food
Market

Island Book Market
New Beer House

My Friend
Bungalow
Buddy Samui

107

Ao Thong Khrok

Km 21
Km 22
Comfort Bungalow
Green Banana Village

Lamai Resort
Grand Sea Resort
Riverside Bungalow
Samui Laguna Resort
The Pavilion Resort

Sukasem Bungalow
Sunset Palm Resort
The Spa Resort & Health Center
Weekender Villa
Rose Garden
Island Resort

Thanasak Beach

Bay View Villa

Laem Thong Khrok

Ao Thong Nan

Laem Nan

3

Marina Villa
Samui Sense
...reeze
Sand Beach Resort
...ng Resort
...sort

Lamai Beach

Gald Kaew Resort

Ao Lamai

1 Mui Bungalows
2 Utopia Resort
3 Lamai Coconut Resort
4 Weekender Hotel & Resort
5 Coconut Beach
6 Suan Tale Resort
7 Bonny Hotel
8 Lamai Inn 99
9 Lamai Wanta
10 Best Resort
11 Rim Guesthouse
12 Kanok
13 Visit

...ow

4

Laem Lamai

...erful Rock
(...nther Rock)

5

Gulf of Thailand

6

1 km

A

1

2

Ko Phangan

3

4

5

6   1 km

B

Ko Maa
62
Ko Maa
Utopia
Crystal Island Garden
Mae Hat Bay Resort
Mae Hat Bungalow
(Ao Mae Hat)
Island View Cabana
Mae Hat Bay
Ban Mae Hat
Wang Sai Resort
Laem Chua
Wang Sai
Waterfall
Ao Hat Lat
Hat Salad Beach
My Way
Salad Hut
Hat Thian
Ben Jawaan
Dream Hill
Ao Hat Yao   Bayview   Easy Bungalow
Hat Yao Beach   Silver Beach   Long Bay Resort   250
Sea Board
Ibiza Bungalow   Hat Yao Bungalows
Sandy Bay
Had Son Resort
Rock Garden
Great Bay   Gypsy
Ao Niat   Sea Flower
Chao Pao Beach   Sri Thanu
Blue Ocean Garden
Bovy Resort   Laem Son
Laem Son Bar
Seaview Rainbow
Ao Sri Thanu   Wat Si Thanu
Sri Thanu Beach   Ban Sri Thanu
Laem Sri Thanu
Loy Fa
Chai Bungalow   Nantakarn
Resort   Lipstick Cabana
Hin Kong   Ban Hin Kong
Hin Kong Beach
Wok Tum Bay
(Ao Wok Tum)
Wat Samai
Khongkha
Ban Wog Tum
Tuk
Kiet
O.K.   Wat Amphawan
Laem Hin Nok   Darin   Chuenjitt
Sea Scene   Baan Plaay Laem   Khao Hin Nok
Bounty   142
Porn Sawan
Cookie
Beach 99
Tranquil Resort
Siripun   Charn
Pha Ngan Bungalow
Nai Wok Bay   Suan Inn
(Ao Nai Wok)
Thong Sala
Ko Tae Nai   Thong Sala
Beach   **2**
Laem Son   Wat Rat
Charoen

C

Laem Kong Noi
Ao
Hat Thonglang
Ao Khom
Khom Beach
Coral Bay
Chalok Lam Bay
(Ao Chalok Lam)
Wattana Resort
Try Thong Resort
Fanta
Chaloklum Bay Resort
Mandalai Hotel   Ban Chalok
Chalok Lam
Diving School   Wat Chalok Chalan
First Bow & Arrow Club
Parac
Pa
Khao Tha Luang
478   Kuan Yin
Temple
105
58
Ban Madua Wan
Jade Budd
Phae
Wate
Wat Khao Noi
6
Ban Don San
5   Bar
Charm Beach
Resort   Wat Khao Th
Chiokana
Resort
Dew Shore Bungalow   First
Villa
Petch Cottage   Phangan Villa
Nawin House   Moonlight
Sundance
Keang Thai   Bamboo Hut
First Bay Resort
Laem Tanote Resort   P. Part
Ban Ta
Ao Bang Charu

Gulf of Thailand

Highway Fernverkehrsstraße Strada di transito Autovía	Post office Postamt Posta Oficina de correos
Main road Hauptstraße Strada principale Carretera principal	Hospital Krankenhaus Ospedale Hospital
Secondary road Nebenstraße Strada secondaria Carretera secundaria	Police Polizei Polizia Policía
Carriage way Fahrweg Strada carrozzabile Camino vecinal	Broadcasting station Funkstation Stazione radio Emisora
Path Pfad Sentiero Sendero	Waterfall Wasserfall Cascata Cascada
Petrol station Tankstelle Stazione di rifornimento Estación de servicio	Lighthouse Leuchtturm Faro Faro
Car park Parkplatz Parcheggio Aparcamiento	Point of interest Sehenswürdigkeit Curiosità Curiosidad
Distances in km Kilometer-Angabe Distanze in km Distancia en km	Hotel Hotel Albergo Hotel
Airport Flughafen Aeroporto Aeropuerto	Beach Strand Spiaggia Playa
Information Information Informazione Información	Scuba diving Sporttauchen Sport subaqueo Submarinismo
Buddhist temple Buddha-Tempel Tempio buddista Templo budista	Waterskiing Wasserski Sci nautico Esquí acuático
Chinese temple Chinesischer Tempel Tempio cinese Templo chino	Snorkelling Schnorcheln Sport sottomarino Buceo
Mosque Moschee Moschea Mezquita	Coral reef Korallenriff Scogliera corallina Arrecife
Church Kirche Chiesa Iglesia	Prohibited Area Sperrgebiet Zona vietata Area prohibida
Market Markt Mercato Mercado	View point Aussichtspunkt Panorama Vista panorámica
Excursions & tours Ausflüge & Touren Gite & escursione Excursiones & rutas	

Km 46

FÜR IHRE NÄCHSTE REISE

gibt es folgende MARCO POLO Titel:

DEUTSCHLAND

Allgäu
Amrum/Föhr
Bayerischer Wald
Berlin
Bodensee
Chiemgau/Berchtes-
 gadener Land
Dresden/Sächsische
 Schweiz
Düsseldorf
Eifel
Erzgebirge/Vogtland
Franken
Frankfurt
Hamburg
Harz
Heidelberg
Köln
Lausitz/Spreewald/
 Zittauer Gebirge
Leipzig
Lüneburger Heide/
 Wendland
Mark Brandenburg
Mecklenburgische
 Seenplatte
Mosel
München
Nordseeküste
 Schleswig-Holstein
Oberbayern
Ostfriesische Inseln
Ostfriesland/
 Nordseeküste
 Niedersachsen/
 Helgoland
Ostseeküste
 Mecklenburg-
 Vorpommern
Ostseeküste
 Schleswig-Holstein
Pfalz
Potsdam
Rheingau/Wiesbaden
Rügen/Hiddensee/
 Stralsund
Ruhrgebiet
Sauerland
Schwäbische Alb
Schwarzwald
Stuttgart
Sylt
Thüringen
Usedom
Weimar

ÖSTERREICH | SCHWEIZ

Berner Oberland/Bern
Kärnten
Österreich
Salzburger Land
Schweiz
Steiermark
Tessin

Tirol
Wien
Zürich

FRANKREICH

Bretagne
Burgund
Côte d'Azur/Monaco
Elsass
Frankreich
Französische
 Atlantikküste
Korsika
Languedoc-Roussillon
Loire-Tal
Nizza/Antibes/Cannes/
 Monaco
Normandie
Paris
Provence

ITALIEN | MALTA

Apulien
Capri
Dolomiten
Elba/Toskanischer
 Archipel
Emilia-Romagna
Florenz
Gardasee
Golf von Neapel
Ischia
Italien
Italienische Adria
Italien Nord
Italien Süd
Kalabrien
Ligurien/Cinque Terre
Mailand/Lombardei
Malta/Gozo
Oberital. Seen
Piemont/Turin
Rom
Sardinien
Sizilien/Liparische Inseln
Südtirol
Toskana
Umbrien
Venedig
Venetien/Friaul

SPANIEN | PORTUGAL

Algarve
Andalusien
Barcelona
Baskenland/Bilbao
Costa Blanca
Costa Brava
Costa del Sol/Granada
Fuerteventura
Gran Canaria
Ibiza/Formentera
Jakobsweg/Spanien
La Gomera/El Hierro
Lanzarote

La Palma
Lissabon
Madeira
Madrid
Mallorca
Menorca
Portugal
Sevilla
Spanien
Teneriffa

NORDEUROPA

Bornholm
Dänemark
Finnland
Island
Kopenhagen
Norwegen
Oslo
Schweden
Stockholm
Südschweden

WESTEUROPA | BENELUX

Amsterdam
Brüssel
Dublin
Edinburgh
England
Flandern
Irland
Kanalinseln
London
Luxemburg
Niederlande
Niederländische Küste
Schottland
Südengland

OSTEUROPA

Baltikum
Budapest
Danzig
Estland
Kaliningrader Gebiet
Krakau
Lettland
Litauen/Kurische
 Nehrung
Masurische Seen
Moskau
Plattensee
Polen
Polnische Ostsee-
 küste/Danzig
Prag
Riesengebirge
Russland
Slowakei
St. Petersburg
Tallinn
Tschechien
Ukraine
Ungarn
Warschau

SÜDOSTEUROPA

Bulgarien
Bulgarische
 Schwarzmeerküste
Kroatische Küste/
 Dalmatien
Kroatische Küste/
 Istrien/Kvarner
Montenegro
Rumänien
Slowenien

GRIECHENLAND | TÜRKEI | ZYPERN

Athen
Chalkidiki
Griechenland
 Festland
Griechische
 Inseln/Ägäis
Istanbul
Korfu
Kos
Kreta
Peloponnes
Rhodos
Samos
Santorin
Türkei
Türkische Südküste
Türkische Westküste
Zakinthos
Zypern

NORDAMERIKA

Alaska
Chicago und
 die Großen Seen
Florida
Hawaii
Kalifornien
Kanada
Kanada Ost
Kanada West
Las Vegas
Los Angeles
New York
San Francisco
USA
USA Neuengland/
 Long Island
USA Ost
USA Südstaaten/
 New Orleans
USA Südwest
USA West
Washington D.C.

MITTEL- UND SÜDAMERIKA

Argentinien
Brasilien
Chile
Costa Rica
Dominikanische
 Republik

Jamaika
Karibik/Große Antillen
Karibik/Kleine Antillen
Kuba
Mexiko
Peru/Bolivien
Venezuela
Yucatán

AFRIKA | VORDERER ORIENT

Ägypten
Djerba/Südtunesien
Dubai
Israel
Jerusalem
Jordanien
Kapstadt/Wine Lands/
 Garden Route
Kapverdische Inseln
Kenia
Marokko
Namibia
Qatar/Bahrain/Kuwait
Rotes Meer/Sinai
Südafrika
Tansania, Sansibar
Tunesien
Vereinigte
 Arabische Emirate

ASIEN

Bali/Lombok
Bangkok
China
Hongkong/Macau
Indien
Indien/Der Süden
Japan
Kambodscha
Ko Samui/Ko Phangan
Krabi/Ko Phi Phi/
 Ko Lanta
Malaysia
Nepal
Peking
Philippinen
Phuket
Rajasthan
Shanghai
Singapur
Sri Lanka
Thailand
Tokio
Vietnam

INDISCHER OZEAN | PAZIFIK

Australien
Malediven
Mauritius
Neuseeland
Seychellen
Südsee

REGISTER

In diesem Register sind alle im Reiseführer erwähnten Orte, Ausflugsziele und Strände sowie wichtige Sachbegriffe und Personen aufgeführt. Halbfette Seitenzahlen verweisen auf den Haupteintrag.

SCHREIBEN SIE UNS

Liebe Leserin, lieber Leser,

wir setzen alles daran, Ihnen möglichst aktuelle Informationen mit auf die Reise zu geben. Dennoch schleichen sich manchmal Fehler ein – trotz gründlicher Recherche unserer Autoren/innen. Sie haben sicherlich Verständnis, dass der Verlag dafür keine Haftung übernehmen kann.

Wir freuen uns aber, wenn Sie uns schreiben.

Senden Sie Ihre Post an die
MARCO POLO Redaktion,
MAIRDUMONT, Postfach 3151,
73751 Ostfildern,
info@marcopolo.de

IMPRESSUM

Titelbild: Früchteverkäufer am Strand (Laif: Hemispheres)

Fotos: ©fotolia.com: macky_ch (88 M. r.); W. Hahn (U. l., 2 l., 2 r., 4 l., 12 o., 18, 21, 39, 73, 76, 80, 89 o. l., 123, 126); HB Verlag: Sasse (11, 44, 48, 93, 96); ©iStockphoto.com: Rafal Dudziec (89 u. r.), Jiann Jong Lim (14 o.), Mike Panic (14 u.), Lynn Seeden (15 u.), ShyMan (88 u. r.), Rudyanto Wijaya (14 M.); Karma Samui: Konn Sarnsarit (89 M. l.); Laif: Hemispheres (1), Sasse (50); K. Maeritz (22, 42, 90/91); H. Mielke (78); Prinkong Zen Art: kongkarn boomivitaya (13 o.); Samui Institute of Thai Culinary Arts (13 u.); O. Stadler (U. M., U. r., 4 r., 5, 6/7, 8/9, 16/17, 24/25, 26, 29, 30/31, 32, 34, 36, 40/41, 52, 56, 60, 63, 66, 68/69, 82/83, 87, 101, 110/111); O. Stadler & A. Stubhan (3 l., 3 M., 3 r., 23, 27); T. Stankiewicz (22/23, 28, 28/29, 47, 54/55, 58, 64/65, 70, 74/75, 84, 94/95, 97); Tamarind Springs, Samui: Luca Tettoni (89 M. r.); The Five Islands: Colin R. Burgess (88 M. l.); The Library (12 u.); The Scent Hotel: Wachara KIREEWONG (88 o. l.); Treetop Tour Cable Ride: Brian Shook (15 o.)

6., aktualisierte Auflage 2010

© MAIRDUMONT GmbH & Co. KG, Ostfildern

Chefredaktion: Michaela Lienemann (Konzept, Chefin vom Dienst), Marion Zorn (Konzept, Textchefin)
Autor: Wilfried Hahn; Redaktion: Ulrike Frühwald
Programmbetreuung: Silwen Randebrock; Bildredaktion: Gabriele Forst
Szene/24h: wunder media, München
Kartografie Reiseatlas: © Berndtson & Berndtson GmbH, Fürstenfeldbruck
Innengestaltung: Zum goldenen Hirschen, Hamburg; Titel/S. 1–3: Factor Product, München
Sprachführer: in Zusammenarbeit mit Ernst Klett Sprachen GmbH, Stuttgart, Redaktion PONS Wörterbücher

> UNSER AUTOR
MARCO POLO Insider Wilfried Hahn im Interview

Wilfried Hahn, freier Journalist und Thailand-Experte, bereist seit fast 30 Jahren regelmäßig Ko Samui und Ko Phangan.

Wie sind Sie ursprünglich, Anfang der 1980er-Jahre, auf Ko Samui gekommen?

Ich war damals schon seit mehreren Jahren auf Phuket, wo man die Touristen noch fast an einer Hand abzählen konnte. Ein Freund erzählte mir, dass Ko Samui noch so sei, wie Phuket in den 1960er-Jahren. Das wollte ich sehen. Und es stimmte. Gewohnt habe ich bei einem Fischer in einer Bambushütte.

Was reizt Sie heute an Ko Samui?

Die Insel hat sich natürlich stark verändert, aber sie hat ihren Charme nicht verloren. Sie ist immer noch sehr relaxt, trotz der vielen Touristen. In stillen Buchten ist es, abgesehen von mehr Komfort in den wenigen Resorts, noch fast so ruhig wie früher. Und wenn ich doch mal Action will, bin ich in kürzester Zeit mitten im Trubel.

Und was mögen Sie auf Ko Samui nicht?

Eigentlich das Gleiche, wie überall in Thailand: Touristen, die ohne Hemd und mit der Bierflasche in der Hand sogar noch im Tempel auftauchen. Aber wenigstens gibt es hier nicht viele davon. Ko Samui hat Klasse trotz Masse.

Wo leben Sie auf Ko Samui?

Ich ziehe ziemlich viel herum, suche mir Resorts an verschiedenen Orten. Nur so kann ich den sehr unterschiedlichen Charakter der Strände wirklich erleben. Und genau das ist es, was mich reizt – diese Vielfalt.

Wo gefällt es Ihnen besser: auf Ko Samui oder auf Ko Phangan?

Diese Frage kann ich genauso wenig beantworten wie die, ob mir der Sonnenauf- oder -untergang besser gefällt. Beide Inseln haben für mich ihren ganz besonderen Reiz. Ko Samui ist mehr hip und schick, Ko Phangan ist eher wild und freakig. Deshalb pendle ich je nach Lust und Laune zwischen den beiden Schwestern hin und her.

Mögen Sie die thailändische Küche?

Und wie! Vor allem Curry-Gerichte. Schön scharf müssen sie sein. Am liebsten gucke ich in kleinen Einheimischenkneipen in die Töpfe und probiere von allem ein bisschen.

Können Sie sich vorstellen, irgendwann wieder in Ihrem Heimatland zu leben?

Ich bin ja über die Sommermonate stets in Deutschland. Aber ich kann mir nicht vorstellen, das ganze Jahr über hier zu leben. Nicht nur wegen des Klimas. Mir ist alles viel zu reguliert, zu stur. Wenn Sie so wollen, haben mich die Thais mit ihrem Lächeln „verdorben". Das möchte ich nicht mehr missen.

> BLOSS NICHT!

Auch auf Ko Samui und Ko Phangan gibt es Dinge, die Sie besser nicht tun sollten

Die Sonne unterschätzen

Eine Seefahrt ist nicht immer lustig. Auf den Fährbooten vom Festland und zwischen den Inseln halten sich viele Passagiere an Deck auf. Bei Ankunft am Pier mussten schon Passagiere mit Sonnenstich von der Fähre getragen werden. Deshalb unbedingt auf eine Kopfbedeckung achten und Sonnenschutzmittel auf alle freien Hautstellen auftragen.

Auf Drogen einlassen

Auch auf Ko Phangan sind die Zeiten vorbei, in denen Kneipen auf Schildern für ihre Omeletts mit berauschenden Pilzen warben und man an jeder Ecke *ganja* (Marihuana) kaufen konnte. Trotzdem ist die Insel keine drogenfreie Zone geworden. In jedem Fall besser Finger weg von Drogen jeglicher Art. Denn in Thailand wird selbst der Besitz kleinster Mengen Drogen mit drakonischen Strafen von bis zu 15 Jahren Gefängnis geahndet.

Nackt baden

An abgelegenen Stränden auf Ko Samui und vor allem auf Ko Phangan lassen sich Touristen durch die scheinbar paradiesischen Zustände dazu verleiten, alle Hüllen fallen zu lassen. Aber Nacktbaden ist in Thailand eine Gesetzeswidrigkeit und ein grober Verstoß gegen die Landessitten.

Zu vertrauensselig sein

Die Inseln Ko Samui und Ko Phangan sind weitgehend sichere Reiseziele. Trotzdem sollten Sie einige allgemeine Vorsichtsregeln beachten. Wer Begehrlichkeiten weckt, indem er seine dick gefüllte Brieftasche zeigt, muss damit rechnen, dass er seine Barschaft unfreiwillig los wird. Auch sollten Sie das Gepäck nicht unbeaufsichtigt herumstehen lassen. Auf Ko Phangan kommt es hin und wieder auch vor, dass abgebrannte Langzeiturlauber andere Touristen beklauen. Verwahren Sie Ihre Wertsachen nicht in den meist kaum gesicherten Rustikalbungalows, sondern geben Sie sie an der Rezeption ab.

Mit Thais streiten

Thais sind im Allgemeinen nicht rechthaberisch und sehen den ausländischen Touristen vieles nach. Allerdings kann auch ihr Geduldsfaden einmal reißen. Vor allem wenn Alkohol im Spiel ist. Wenn ein Thai der Meinung ist, er habe sein Gesicht verloren, kann die Lage eskalieren. Und oft merkt der Fremde vielleicht gar nicht, durch was er den Einheimischen beleidigt hat. Sollte ein Thai doch einmal wütend werden, ziehen Sie sich am besten mit einem Lächeln der Entschuldigung zurück, auch wenn Sie sich keiner Schuld bewusst sind.